자기주도적 AI 쓰기 프로젝트의 설계와 실행

AI와 함께 여는
글쓰기 교육의 미래

AI와 함께 여는 글쓰기 교육의 미래
자기주도적 AI 쓰기 프로젝트의 설계와 실행

초판 1쇄 발행 2025년 9월 10일

지은이 양일동
펴낸이 장길수
펴낸곳 지식과감성#
출판등록 제2012-000081호

교정 주경민
디자인 김희영
편집 김희영
검수 김지원, 이현
마케팅 김윤길

주소 서울시 금천구 벚꽃로298 대륭포스트타워6차 1212호
전화 070-4651-3730~4
팩스 070-4325-7006
이메일 ksbookup@naver.com
홈페이지 www.knsbookup.com

ISBN 979-11-392-2782-6(93000)
값 23,000원

- 이 책의 판권은 지은이에게 있습니다.
- 이 책 내용의 전부 또는 일부를 재사용하려면 반드시 지은이의 서면 동의를 받아야 합니다.
- 잘못된 책은 구입하신 곳에서 바꾸어 드립니다.

지식과감성#
홈페이지 바로가기

자기주도적 AI 쓰기 프로젝트의 설계와 실행

AI와 함께 여는
글쓰기 교육의 미래

양일동 지음

지식과감성#

머리말

 21세기 인공지능(Artificial Intelligence, AI)의 비약적인 발전은 교육 전반에 걸쳐 근본적인 패러다임의 재구성을 요구하고 있다. 특히 생성형 AI의 등장으로 학습자의 주도성과 창의성을 기반으로 한 새로운 학습 환경의 가능성을 제시하며, 전통적 교수 중심의 교육 방식을 학습자 중심의 자기주도적 방식으로 전환할 것을 촉구하고 있다. 이러한 변화의 흐름 속에서 글쓰기 교육 역시 새로운 접근과 성찰을 필요로 하고 있다.
 글쓰기는 인간의 사고와 감정을 언어로 구체화하는 복합적 인지 활동이자 자기 성찰과 사회적 소통의 창구로서 중요한 교육적 의미를 지닌다. 그러나 실제 교육 현장에서는 많은 학습자들이 글쓰기를 심리적 부담으로 느끼고 있으며 이는 창의적 사고와 자기표현을 저해하는 주요 요인으로 작용하고 있다. 본 연구는 이러한 문제의식에서 출발하여 AI를 전략적으로 활용함으로써 학습자의 자기결정성 동기와 창의적 자기효능감을 증진시키고 글쓰기 과정에 대한 주체적 참여를 유도하고자 하는 실천적 시도를 담고 있다.
 특히 본 연구는 글쓰기 과정 중 '내용 생성하기' 단계에 주목하였다. 이는 발산적 사고와 수렴적 사고가 유기적으로 작동하는 핵심 단계이며, 이 시점에서의 AI 활용이 학습자의 인지적·정의적 역량에 어떠한 변화를 가져오는지를 실증적으로 분석하였다. 자기주도적 AI 쓰기 프로젝트는 기술에 의존하는 글쓰기가 아닌, 기술과 협력하여 사고를 확장하고 표현을 심화시키는 방향으로 설계되었다.

이 책은 총 5부로 구성되어 있다. 1부에서는 연구의 배경과 문제의식을 제시하고, 2부에서는 글쓰기 교육과 AI 활용에 대한 이론적 기반을 고찰하였다. 3부에서는 실제 쓰기 프로젝트의 설계와 실행 과정, 그리고 그 효과성에 대한 실증적 연구 결과를 분석하였으며, 4부에서는 이러한 결과가 교육 현장에 갖는 함의와 적용 가능성을 논의하였다. 마지막 5부에서는 본 연구의 한계와 향후 과제에 대해 제언함으로써 AI 시대에 지속 가능한 글쓰기 교육의 발전 방향을 모색하였다.

AI 시대의 글쓰기 교육은 기술 중심의 전달에서 벗어나 인간고유의 사고와 표현을 확장하는 방향으로 나아가야 한다. 본 연구는 AI를 학습자의 사고를 보완하고 창의적 사고를 유도하는 도구로 삼아 미래형 글쓰기 교육의 실천적 모델을 제시하고자 하였다. 이 책이 제안하는 자기주도적 AI 쓰기 프로젝트는 국어과뿐만 아니라 다양한 교과의 글쓰기 수업에 적용 가능성이 있으며 학습자의 자율성과 창의성을 동시에 함양하는 새로운 교육 패러다임 정립에 기여할 수 있을 것이다.

AI와의 협력적 글쓰기를 통해 학습자가 미래 사회의 주체적 필자로 성장할 수 있도록 돕는 본 연구의 시도는 디지털 전환기라는 교육의 변곡점에서 글쓰기 교육의 새로운 방향성을 모색하려는 학문적 탐구이다. 본 연구가 제시하는 자기주도적 AI 쓰기 프로젝트 모델은 학습자의 자율성과 창의성을 동시에 함양하는 실천적 전략일 뿐 아니라, 인공지능 기술을 비판적이고 창의적으로 수용하는 미래형 교육 패러다임의 이론적 기반을 제공한다. 이 책이 글쓰기 교육의 이론적 확장과 재구성을 모색하는 교수자, 연구자, 대학원생들에게 실질적인 통찰과 학문적 영감을 제공하기를 기대한다. 나아가 본 연구가 AI 시대 교육의 윤리적, 철학적 논의로까지 확장되며 학습자와 교육자 모두가 함께 성장해 나가는 지적 공동체 형성의 작은 출발점이 되기를 바란다.

머리말   4

1부 글쓰기 교육의 새로운 도전 – AI와의 만남

1. 왜 글쓰기에 AI를 더하는가?   14
2. AI와 글쓰기: 이미 시작된 논의들   21

2부 자기주도적 글쓰기와 AI 활용 – 글쓰기 교육과 AI

1. AI 활용 작문 지도의 이론적 근거   44
   - 자기주도적 글쓰기와 AI 활용   44
   - 학습 전략으로서의 쓰기   50
   - AI 활용 글쓰기와 정서적 요인   52

2. 교수학습 설계의 이론적 근거   63
   - 쓰기 과정으로서의 내용 생성하기   63
   - 프로젝트 학습   71

3. 자기주도적 AI 쓰기 프로젝트 교수학습의 설계   77
   - 교수학습 설계의 방향   77
   - 교수학습 설계의 실제   81

자기주도적 AI 쓰기 프로젝트의 설계와 실행
　- 자기주도적 AI 쓰기 프로젝트 학습의 효과성 연구

1. 연구의 대상 및 설계	96
연구 대상	96
연구 설계	98
2. 연구의 절차	103
사전 검사	104
실험 처치: 자기주도적 AI 쓰기 프로젝트 학습	105
사후 검사	109
데이터 분석 방법	112
3. 자료의 수집 및 분석	114
측정	114
자료 분석	122
AI 도구 선정 및 적용 기준	124
4. 결과 및 논의	127
연구 결과	127
논의	174

자기주도적 AI 쓰기 프로젝트의 효과와 가능성
– 결과의 교육적 적용 방안

1. 자기주도적 AI 쓰기 프로젝트 학습의 실증적 함의   184

2. 자기주도 학습 환경 구축을 위한 AI의 도구적·인지적 역할   187
    인지적 비계로서 AI의 도구적 기능 명확화   187
    발산적 사고 촉진과 자기주도성 함양   188
    수렴적 사고 촉진과 자기주도성 함양   189

3. 자기주도적 AI 쓰기 프로젝트 수업 설계를 위한 AI 전략   190
    AI 활용 시점과 빈도의 단계적 분화   190
    AI와 인간의 협력 구조에 대한 위계 설정   191
    교사의 역할 재정립: 메타인지 촉진자로서의 지도 전략   193
    AI 리터러시 교육의 병행: 윤리·문식성 기반의 쓰기 수업 구성   194

4. 공동체 기반 프로젝트 수업과 실천적 글쓰기의 가능성   196

5부 **AI와 함께 여는 글쓰기 교육의 미래**
　　　　- 자기주도적 AI 쓰기 프로젝트의 톺아보기

1. 연구 요약　　　　　　　　　　　　　　　　　　　　202

2. 연구의 한계 및 후속 연구 제언　　　　　　　　　　209

참고문헌　　　　　　　　　　　　　　　　　　　　　213

부록 1 — 'PSOEPRI' 자기주도적 AI 쓰기 프로젝트 교수·학습 세부안　232
부록 2 — 자기주도적 AI 쓰기 프로젝트 과제 학습지(1~7차시)　239

1부

글쓰기 교육의 새로운 도전

- AI와의 만남

1. 왜 글쓰기에 AI를 더하는가?

 본 연구는 자기주도적 AI 쓰기 프로젝트 학습이 고등학생의 자기결정성 동기와 창의적 자기효능감에 미치는 영향을 실증적으로 분석하는 것을 목적으로 한다. 자기주도적 AI 쓰기 프로젝트 학습은 학습자가 학습 목표를 자율적으로 설정하고 학습 과정을 능동적으로 조절할 수 있도록 설계된 학습 형태이다.
 작문 교육에서 학습자의 정서적 상태와 작문 능력 간의 밀접한 관련성에 주목할 필요가 있다. 낮은 자기효능감은 학습자의 작문 회피 및 소극적 참여를 유발하며, 이는 결과적으로 작문 능력 향상의 주요 장애 요인으로 작용한다. 이에 본 연구는 학습 초기 단계에서 나타나는 부정적 정서와 낮은 자기효능감을 완화할 수 있는 교육적 방안을 모색하고자 하였다. 특히 쓰기 과정 중 내용 생성 단계(2~3차시)에서의 AI 활용 여부를 주요 변인으로 설정하여 단계별 AI 활용이 학습자에게 미치는 변별적 효과를 분석하고자 하였다. 작문 능력 향상은 학습자의 언어적·사고적 성장의 핵심 목표이지만, 학습 초기 단계에서 자기효능감이 낮은 학습자는 작문 활동에 소극적으로 참여할 가능성이 높다. 따라서 본 연구는 초기 학습 단계에서 학습자의 창의적 자기효능감을 증진시키기 위한 전략으로 AI 기술의 제한적이면서 신중한 활용 가능성을 탐색한다. 나아가 자기주도적 AI 쓰기 프로젝트 학습과 AI 활용 여부에 따른 자기결정성 동기 및 창의적 자기효능감의 변화를 실증적으로 검증함으로써 디지털 시대에 부합하는 국어과 교육의 새로운 방향성을 제시하는 데 목적이 있다. 이를 통해 학습자의 자율성과 창의성을 동시에 함양할 수 있는 국어과 쓰기 교육 모형 개발을 위한 기초 자료를 제공하고자 한다.

또한 본 연구에서 규명하고자 한 자기결정성 동기의 핵심은 학습자의 글쓰기 동기를 높이는 데에 그치지 않는다. 이 연구는 AI 기반 학습 환경에서 학습자가 외적 보상이나 통제에 의해 움직이는 수동적 존재가 아니라 자율적이고 내면화된 동기에 따라 학습 행위를 조절하게 되는 질적 전이 과정을 실증적으로 추적하는 데 초점을 두었다. 이 연구는 학습자가 외적 자극에 반응하는 수준에서 나아가 학습 과제를 스스로 선택하고 그 의미를 내면화하며 학습 활동을 즐기는 자기주도적 주체로 변화하는 과정을 주목한다. 이러한 변화는 자기결정성 이론에서 제시하는 외재적 조절에서 내적 조절로의 점진적 이동, 즉 학습 동기의 자율성 수준이 고도화되는 과정을 반영한다. 자기결정성 동기의 형성과 자율성의 전이는 자기주도적 AI 쓰기 프로젝트 전반에 걸쳐 설정된 철학적 지향이자 이론적 배경에 해당한다.

본 연구의 실증적 분석은 내용 생성하기 단계인 2차시(발산적 사고)와 3차시(수렴적 사고)에 집중되었다. 이는 글쓰기 과정에서 학습자가 가장 높은 심리적 장벽과 정의적 부담을 경험하는 시점이 바로 아이디어를 생성하고 이를 조직하는 초기 단계이기 때문이다. 특히 이 시기에 AI는 사고를 촉진하는 도구로서 학습자의 정의적 전환을 유도하며 자기결정성 동기의 질적 변화가 가장 뚜렷하게 나타날 수 있다. 결과적으로 자기결정성 동기의 질적 전이는 프로젝트 전 과정에서 일어날 수 있는 이상적 방향성이지만 실제 변화는 AI가 전략적으로 개입한 내용 생성 단계에서 가장 명확하게 관찰될 수 있다. 따라서 본 연구는 해당 시점에 분석의 초점을 두었으며, 자기결정성 동기의 수준적 향상뿐만 아니라 그 질적 전환의 가능성까지 함께 분석하고자 하였다. 이는 학습자의 주체성 회복과 내면화된 학습 태도의 정착이라는 교육적 함의를 지닌다.

21세기 정보통신기술의 비약적 발전과 4차 산업혁명 시대의 도래는 교육 전반에 근본적인 변화를 촉발하였다. 특히 AI 기술의 진보는 전통적인 교육 패러다임을 재구성하며 학습자 중심의 자율적이고 창의적인 학습 환경을 구축하는 데 핵심적인 역할을 수행하고 있다. AI 기술은 기존 교육이 지닌 구조적 한계를 보완할 수 있는 효과적인 도구로서 학습자의 경험을 심화하고 학습 동기를 촉진하는 동시에 창의적 문제 해결 능력의 향상에도 기여할 가능성을 지닌다. 한편, 글쓰기는 고등 사고 기능의 일환으로 문자 언어를 매개로 사고를 촉진하고 의사소통과 문제 해결 능력을 기르는 핵심적인 인지 활동이다. 이는 학습자의 비판적·창의적 사고역량을 함양하는 효과적인 방법으로 평가되며 관찰력, 추리력, 감상력, 상상력 등 고차적 인지 능력의 증진에 기여한다. 글쓰기는 과학적이고 합리적인 사고방식과 태도를 형성하는 데에도 중요한 역할을 수행한다(윤용찬 & 양용철, 2003). 그러나 실제 교육 현장에서 글쓰기는 많은 학습자에게 어렵고 흥미 없는 과제로 인식됨에 따라 다양한 교육적 어려움으로 이어지고 있다(유인근 & 박형용, 2023). 특히 한국어를 모국어로 사용하는 학습자들조차 글쓰기를 창의적 표현 활동이 아닌 지루하고 부담스러운 과제로 받아들이는 경향이 강하다. 이로 인해 학습자의 자발적 참여는 낮고 정서적 반응도 부정적으로 나타나는 경우가 많다(배혜진, 2022). 이처럼 부정적 인식은 글쓰기 교육의 효과를 저해하고, 학습자의 몰입과 성장을 방해하는 주요 요인으로 작용한다.

이와 같은 문제의식을 바탕으로 최근 주목받고 있는 AI 기술은 글쓰기 교육의 새로운 가능성을 제시하고 있다. 특히 작문이 학습을 촉진하는 도구로 기능한다는 점에서 학습 목적 글쓰기는 작문과 학습 간의 밀접한 상호작용을 전제로 한다. 물론 작문 과정에서의 AI 활용은 여러 교육적·윤리적 쟁점을 수반하지만 학습자의 동기 유발, 창의성과 관련된 정의적 측면에서 긍정적인 기여를 할 가능성도 충분히 존재한다. 선행연구에 따르면 AI 기술은 학습자의 정의적 특성(학습 동기, 창의성)과 관련된 요인에 긍정적인 영향을 미칠 가능성이 제기되고 있다. 이는 제한적이지만 학습 전반에 유의미한 기여를 할 수 있는 교육적 방안으로 주목받고 있다.

이러한 맥락에서 2022 개정 국어과 교육과정은 학습자가 '필자로서의 성장'을 경험하도록 지원하는 것을 핵심 목표로 제시한다. 이는 학습자가 글쓰기를 통해 스스로 문제를 해결하고 평생 글을 쓰는 주체적 필자로 성장할 수 있도록 지원하는 데 작문 교육의 본질적 목적이 있음을 의미한다(장성민, 2023). 개정 교육과정은 글쓰기 교육에서 인지적 요인보다 쓰기 동기, 쓰기 불안, 쓰기 윤리 등과 같은 정의적 요인의 중요성을 강조하고 있다. 이러한 방향성은 학습자의 지속적인 글쓰기 역량 형성에 있어 정의적 요인이 보다 핵심적인 역할을 수행한다는 것을 의미한다(박영민 외, 2023). 이는 학습자가 쓰기에 대해 긍정적인 태도를 형성할 때 글쓰기 행위에 대한 지속적인 동기가 유발되기 때문이다. 특히 쓰기 동기는 학습자가 글쓰기 활동에 지속적으로 참여하도록 유도하는 핵심 요인이다(박영민, 2010). 또한 쓰기 동기는 학습자가 글쓰기 과정에서 느끼는 내재적 즐거움, 자기효능감, 성취 기대감 등 다양한 심리적 요인의 총합으로 이해할 수 있다(Flower & Hayes, 1981). 쓰기 동기가 높은 학습자는 외적 평가나 강제에 의존하지 않고, 글쓰기 과제를 자발적으로 수용하며 사고를 확장하고 조직화하려는 태도를 보인다. 이때 정의적 요인은 쓰기 불안, 태도, 자기효능감, 윤리 의식 등 학습자의 정서적·심리적 특성을 포괄하며, 글쓰기의 지속성, 창의성, 몰입 수준까지 직·간접적으로 영향을 미치는 핵심 요인으로 작용한다(박영민, 2010).

따라서 AI 시대의 글쓰기 교육은 학습자가 글쓰기를 통해 자율적으로 사고를 확장하고 표현하는 경험을 긍정적으로 수용할 수 있도록 정의적 요인을 강화하는 방향으로 설계되어야 한다. 특히 쓰기 동기의 고취, 글쓰기 불안의 완화, 긍정적 쓰기 태도의 형성은 AI 기반 글쓰기 교육에서 간과할 수 없는 핵심 과제로 간주된다. 이러한 교육적 과제는 프로젝트 기반 학습과 밀접하게 연결된다. 협업과 피드백 중심의 공동체적 학습 환경 속에서 학습자는 의미 있는 글쓰기 수행을 통해 정의적 역량을 자연스럽게 내면화하게 된다. 프로젝트 기반 쓰기 학습은 학습자의 관심사와 사회적 맥락을 연결하는 실천적 글쓰기 경험을 제공하며 자율성과 참여도를 증진시킨다. 여기에 AI 기술이 결합될 경우, 학습자의 심리적 장벽을 완화하고 자기주도적·창의적 글쓰기 수행을 촉진함으로써 학습자의 삶과 밀접하게 연계된 의미 있는 글쓰기 교육을 실현하는 데 기여할 수 있다.

이에 본 연구의 구체적인 연구 문제는 다음과 같다.

연구 문제 1. 자기주도적 AI 쓰기 프로젝트가 고등학생의 자기결정성 동기와 창의적 자기효능감에 영향을 미치는가?
연구 문제 2. AI를 활용한 자기주도적 쓰기 프로젝트 학습 방법은 기존 학습 방법과 비교하여 어떤 변별적 효과를 나타내는가?
연구 문제 3. 자기주도적 AI 쓰기 프로젝트 과정 중 내용 생성하기(2~3차시) 단계에서 AI 활용 여부에 따른 변별적 효과가 있는가? (연구 집단의 글쓰기 결과물 점수 차이 양상 및 필자의 반응 태도를 중심으로)

이러한 연구 문제를 바탕으로 본 연구는 AI 기술을 활용한 자기주도적 쓰기 교육이 고등학생의 정의적·인지적 역량에 미치는 영향을 다각도로 분석하고자 한다. 특히 내용 생성하기 단계에서의 AI 도구 활용이 학습자의 창의적 사고와 학습 참여 태도에 미치는 영향을 실증적으로 규명하고자 한다. 이를 통해 자기주도적 AI 쓰기 프로젝트의 교육 현장 적용 가능성을 탐색하고 미래 지향적 글쓰기 교육 모델의 방향성을 제시하는 데 목적이 있다.

본 연구는 다음과 같은 제한점을 내포하고 있다.

첫째, 본 연구는 서울 소재 S고등학교 학생들을 대상으로 수행되었기 때문에 연구 결과를 다양한 지역과 교육 환경, 학습자 특성을 지닌 집단에 일반화하는 데에는 한계가 있다.

둘째, 프로그램 적용 기간이 약 2주로 비교적 단기간에 해당하므로 자기결정성 동기와 창의적 자기효능감의 장기적인 변화나 지속적 교육 효과를 검증하는 데에는 제한이 따른다.

셋째, 연구 대상이 고등학생으로 한정됨에 따라 일부 AI 도구는 연령 제한, 접근성의 제약을 받았으며 이로 인해 실험에서 활용 가능한 AI의 선택 범위가 제한되었다.

그럼에도 불구하고 본 연구는 디지털 시대에 부합하는 국어과 교육의 새로운 방향을 제시하고 AI 기술을 활용한 자기주도적 학습 모델의 가능성을 탐색했다는 점에서 의의가 있다. 특히 AI 활용이 학습자의 자기결정성 동기와 창의적 자기효능감 등 정의적 요인에 미치는 영향을 실증적으로 분석함으로써 제한적이지만 학습 과정에서 AI가 유의미한 기여를 할 수 있음을 보여 주었다. 물론 작문 능력 자체의 신장이 교육의 핵심 과제임은 분명하다. 그러나 학생들의 AI 활용이 점차 보편화되는 교육 현실 속에서 이를 교육적으로 수용하고 효과적으로 활용할 수 있는 전략을 모색하는 데 있어 본 연구는 이론적 기반을 제공할 수 있을 것으로 기대된다.

2. AI와 글쓰기: 이미 시작된 논의들

자기주도적 글쓰기

　자기주도적 글쓰기는 학습자가 내재적 동기, 자율성, 긍정적 자아 개념 등의 심리 요인을 바탕으로 학습 과정을 주도적으로 계획하고 실행하는 것을 의미한다. 이는 글쓰기 과정에서 학습자가 학습 목표를 자율적으로 설정하고 다양한 전략을 통해 문제를 해결하며 전반적인 학습 과정을 능동적으로 조절해 나가는 과정이다. 이러한 자기주도적 글쓰기는 학습자의 비판적 사고력, 창의력, 자기조절 능력 등 평생 학습에 필수적인 핵심 역량을 강화하는 데 기여할 수 있다.

　자기주도적 글쓰기의 효과를 실증적으로 분석한 대표적인 선행 연구로는 문종순(2002), 양근식(2007), 이진기(2008), 이미정(2022)의 연구가 있다. 문종순(2002)은 자기주도적 학습 환경을 적용한 단계형 글쓰기 프로그램을 통해 학습자가 학습목표를 설정하고 전략을 계획·실행·평가하는 일련의 과정을 경험함으로써 글쓰기 능력을 향상시킬 수 있음을 실증적으로 제시하였다. 이 연구는 자기주도적 글쓰기가 학습자의 학습 동기, 학습 효율성, 글쓰기 표현력, 자기주도적 학습 능력 향상에 긍정적인 영향을 미친다는 점에서 의의가 있다. 그러나 연구 대상의 제한성과 장기적 효과에 대한 검증 부족, 교사 역할 및 외부 요인의 고려 미흡이라는 한계를 지닌다. 양근식(2007)은 자기주도적 쓰기 학습 프로그램을 개발하고 그 효과를 검증하여 학습자들이 학습 목표를 자율적으로 설정하고 학습 과정을 능동적으로 조절하며 책임 있는 학습 행동을 보인다고 보고하였다. 이는 자기주도적 학습이 실제 교육 현장에서 적용 가능한 전략임을 시사한다. 다만 이 연구 역시 프로그램의 장기적 효과에 대한 검토 미흡, 교사 역량 및 외부 변인 통제 부족이라는 제한점을 가진다. 이진기(2008)는 초등학생들을 대상으로 글쓰기 활동이 자기주도적 학습 역량에 미치는 영향을 분석하였으며 총체적 언어학습 접근법의 효과성도 함께 검토하였다. 결과적으로 글쓰기는 학습자의 목표 설정, 과정 조절, 피드백 수용 능력을 강화하는 데 효과적이었으며 총체적 언어학습 접근은 이러한 자기조절적 역량을 더욱 심화시키는 데 기여하였다. 그러나 제한된 연령과 교육 환경으로 인해 연구 결과의 일반화에는 한계가 있다. 이미정(2022)은 온라인 대학 글쓰기 수업이 학습자의 자기주도적 학습 역량에 미치는 영향을 분석하였다. 연구 결과, 비대면 환경에서도 학습자는 목표 설정, 자기조절, 피드백 활용 등을 통해 글쓰기 능력을 향상시킬 수 있었다. 이는 온라인 환경에서도 자기주도적 학습이 효과적으로 이루어질 수 있음을 보여 준다. 이상의 연구들은 자기주도적 글쓰기 학습이 글쓰기 능력과 정의적 역량 향상에 긍정적인 영향을 미친다는 점에서 공통된 교육적 의의를 지닌다. 그러나 대부분의 연구는 연구 대상의 제한성, 장기적 효과 검증의 부족, 교사 역할 및 평가 체계에 대한 고려 미흡 등과 같은 공통된 한계를 보인다. 이러한 한계는 결과의 일반화 가능성과 실제 현장에서의 적용 가능성을 제약하는 요인으로 작용한다. 따라서 후속 연구에서는 보다 다양한 교육 환경과 학습자 배경을 고려한 연구 설계와 함께 장기적 효과에 대한 실증적 검토, 교사 전문성 강화 방안 마련 등이 요구된다.

선행 연구를 고찰한 결과, 작문 교육에서 자기주도적 글쓰기의 중요성은 이론적·실천적으로 충분히 강조되고 있음에도 불구하고, 이를 뒷받침할 수 있는 구체적이고 체계적인 교육 프로그램 개발은 여전히 미흡한 실정이다. 교육 현장에서는 자기주도적 글쓰기의 필요성이 지속적으로 제기되고 있으나, 정형화된 평가 중심의 교육 구조, 교사의 전문성 한계, 자원 부족, 교육과정의 유연성 결여 등으로 인해 실질적인 실천이 어려운 상황이다. 그 결과, 학습자들은 창의적이고 자율적인 글쓰기보다는 정해진 틀에 의존한 형식적인 글쓰기 활동에 국한되는 경우가 많다. 이는 자기주도적 학습의 본질적 목표 달성을 저해한다. 따라서 자기주도적 글쓰기 학습을 효과적으로 촉진하기 위해 보다 체계적이고 심화된 연구와 이를 기반으로 한 실천 가능한 교육 프로그램의 개발이 요구된다. 이러한 맥락에서 2022 개정 국어과 교육과정은 작문 교육의 방향 전환을 시도하였다. 개정 교육과정은 학습자의 자율성과 자기주도성을 핵심으로 삼고, 학습자가 자신의 생각을 조직하고 표현할 수 있도록 다양한 교수·학습 전략을 제안하고 있다. 이는 기존 작문 교육의 한계를 보완하고 학습자가 능동적인 글쓰기 참여자로 성장할 수 있는 환경을 조성하려는 시도로 해석된다. 그러나 이러한 교육과정이 실질적인 성과로 이어지기 위해서는 자기주도적 글쓰기의 중요성에 대한 교사와 학습자의 공감대 형성과 더불어 이를 수업에 효과적으로 반영할 수 있는 구체적 실천 전략이 마련되어야 한다. 자기주도적 글쓰기 교육은 학습자가 학습 목표를 설정하고 사고를 조직하며 이를 논리적으로 표현하는 과정을 통해 비판적 사고력, 창의성, 내재적 동기를 기를 수 있는 핵심 교육 전략으로 자리매김할 수 있다.

 이에 본 연구는 자기주도적 글쓰기 교육의 교육적 가치를 재조명하고 이를 실제 교육 현장에서 실현할 수 있는 실천적 방안을 모색하는 데 목적을 둔다. 이러한 접근은 향후 국어과 글쓰기 교육의 방향성을 설정하는 데 유의미한 시사점을 제공할 것이다.

AI 활용 글쓰기

 AI 기술의 비약적 발전과 함께 OpenAI의 챗GPT와 같은 생성형 AI는 교육을 포함한 다양한 분야에서 활용 가능성을 빠르게 확장하고 있다. AI 기술은 인간과의 상호작용을 통해 새로운 정보를 생성하는 기능을 기반으로 한 높은 성능과 편리성 덕분에 교육 현장에서 주목받고 있다. 국어교육 영역에서는 생성형 AI 기술의 도입은 교수·학습 방법, 학습 자료 구성, 학생 참여 양상 등 다양한 측면에서 근본적인 변화를 유도하고 있으며 이는 글쓰기 교육에서 더욱 뚜렷하게 나타나고 있다.

 생성형 AI를 활용한 국어교육 관련 선행연구는 AI 기술이 교육 전반에 미치는 영향을 심층적으로 분석하고 이를 토대로 교육의 질을 향상시킬 수 있는 실천적 방안을 모색하는 데 그 목적을 둔다. 본 연구는 이와 같은 흐름을 바탕으로 AI 기술의 국어교육 통합 양상과 그에 따른 교육적 활용 전략이라는 두 측면에서 선행연구를 고찰하였다. 첫째, AI 기술이 국어교육에 어떤 방식으로 통합되고 있으며 실제 수업에서 어떤 형태로 적용되고 있는지를 분석함으로써 AI 활용 교육의 실천적 양상을 검토하였다. 둘째, AI의 교육적 활용 전략이 국어교육 실천에서 어떠한 교육적 효과와 한계를 내포하고 있는지를 고찰함으로써 교육 현장에 적용 가능한 시사점을 도출하고자 하였다. 이러한 분석을 통해 본 연구는 생성형 AI 기술이 국어교육, 특히 글쓰기 교육에 미치는 영향과 그 교육적 함의를 실증적으로 규명하고 AI 기반 교수학습 전략의 가능성과 방향성을 제시하고자 한다.

AI의 국어교육 활용에 대한 주요 선행연구로는 강동훈(2023), 권태현(2023), 장성민(2023), 최숙기 & 박종임(2023)의 논의를 들 수 있다. 강동훈(2023)은 생성형 AI의 활용이 글쓰기 교육의 본질을 재정립할 필요성을 제기하였으며 쓰기 윤리와 비판적 문식성 교육의 병행을 강조하였다. 권태현(2023)은 AI 기반 과정 중심 쓰기 교육의 필요성을 강조하며 자동화된 피드백 기능의 장점을 인정하면서도 학습자의 주체적 사고와 성장을 유도할 수 있는 교육 환경 조성의 중요성을 지적하였다. 이와 같은 주장은 AI의 도입이 학습자 주체성을 약화시킬 수 있다는 잠재적 우려와도 맞닿아 있다. 장성민(2023)은 AI 시대에 요구되는 새로운 글쓰기 역량으로 질문 생성 능력과 중간 산출물에 대한 자기 평가 능력을 제시하고 문해력 교육과 더불어 저작권 및 글쓰기 윤리에 대한 교육의 병행 필요성을 주장하였다. 한편, 최숙기 & 박종임(2023)은 AI를 활용한 작문 평가의 가능성과 한계를 분석하였으며 자동화된 피드백이 작문 평가의 공정성과 효율성을 제고할 수 있는 잠재력을 지닌다고 보았다. 그러나 이들 연구는 현장 적용의 구체성 부족, 기술적·윤리적 문제, 장기적 효과 검증 미비 등의 한계를 지닌다.

생성형 AI의 등장은 국어교육에 긍정적인 변화를 가져왔으나 동시에 윤리적 쟁점, 정보의 정확성 결여, 학습자의 사고 능력 저하 등 다양한 부정적 측면도 동반하고 있다. 특히 일부 선행연구는 AI 기술이 글쓰기 교육의 혁신을 촉진할 수 있는 잠재력을 지니고 있음에도 불구하고 그 과정에서 학습자의 자율성과 창의성이 저해될 가능성에 대한 우려를 제기하고 있다. 이러한 문제의식에 기반하여 노대원 & 홍미선(2023), 윤인선(2023), 손달임(2023), 김종규 & 원만희(2021) 등의 연구는 AI 기술의 교육적 활용 가능성을 긍정적으로 평가하면서도 그에 수반되는 윤리적 과제와 교육적 한계를 비판적으로 고찰하였다. 노대원(2023)은 챗GPT를 활용한 글쓰기 과정에서 표절이 발생할 수 있는 가능성을 지적하고 이를 예방하기 위한 교육적 전략의 필요성을 강조하였다. 그는 자동 생성된 텍스트의 무비판적 수용이 학습자의 윤리 의식을 약화시킬 수 있음을 경고하며 윤리적 기준 설정과 교육 전략의 중요성을 강조하였다. 윤인선(2023)은 리터러시 역량 강화를 위한 챗GPT 활용 방안을 제시하며 아이디어 제안, 문법 교정, 구조적 피드백 제공 등 AI 기능이 자기주도적 학습 환경 조성에 기여할 수 있음을 시사하였다. 특히 AI 활용 글쓰기 교육이 사고력과 창의성을 신장하는 과정 중심 글쓰기 교육으로 확장될 필요가 있음을 강조하였다. 손달임(2023)은 글쓰기 교육의 전 과정에서 AI의 활용 가능성을 인정하면서도 아이디어 구상, 문제 제기, 목차 작성, 고쳐쓰기 등과 같은 사고 중심 단계에서 AI가 인간의 사고를 대체할 수는 없다고 지적하였다. AI 활용의 교육적 유용성을 인정하면서도 그 적용은 윤리적 고려와 책임 있는 접근을 전제로 해야 함을 강조하였다. 김종규 & 원만희(2021)는 AI 기술의 글쓰기 활용이 인간의 실존적 정체성과 문해력에 미치는 영향을 철학적 관점에서 고찰하였다. 이들은 AI가 생성한 텍스트가 인간의 창작 주체성과 사고 과정을 대체할 수 없으며 AI 글쓰기가 인간 존재의 실존적 의미와 창의성의 본질과 깊이 있게 연결되어야 함을 강조하였다. 이를 통해 인간과 AI 사이의 창작적 역할과 관계에 대한 심화된 철학적 논의가 필요함을 제안하였다.

이러한 논의들은 AI 기술이 국어교육에 긍정적인 변화를 가져오고 있으나, 동시에 윤리성, 정보의 신뢰성, 사고력 저하 등의 잠재적 문제도 함께 고려해야 함을 시사한다. 특히 글쓰기 교육의 핵심 목표가 학습자의 비판적 사고력, 창의성, 표현력 함양에 있는 점을 감안할 때 AI 기술의 무비판적 도입은 글쓰기 교육의 본질적 가치와 충돌할 수 있으므로 글쓰기 교육이 지향하는 철학적·윤리적 목표를 견지할 수 있도록 신중하고 체계적인 접근이 요구된다. AI 기술은 학습자의 사고 과정과 창작 활동을 대체하는 수단이 아니라 이를 보조하고 촉진하는 교육적 도구로 기능해야 한다. 또한 학습자의 자기주도성과 창의적 역량을 강화하는 방향으로 교육 설계가 이루어져야 한다. 결과 중심의 효율성 지향 교육은 글쓰기 교육이 추구하는 본질과 충돌할 수 있으므로 AI 시대의 글쓰기 교육은 인간 고유의 지적 활동을 보존하는 동시에 AI와의 상호작용을 통해 비판적 사고력과 창의적 표현 능력을 심화하는 방향으로 나아가야 한다. 이는 AI

기술을 비판적으로 활용함으로써 그 과정에서 인간 중심의 사고와 창의성을 교육의 핵심 가치로 유지해야 함을 의미한다.

이러한 문제의식에 기반하여 본 연구는 선행 연구에서 제기된 이론적 논의를 바탕으로 생성형 AI를 실제 글쓰기 교육 현장에 적용하고 그 효과와 한계를 실증적으로 규명하고자 한다. 특히 생성형 AI 기술이 글쓰기 교육 및 창작 과정에 미치는 구체적인 영향을 분석하고 향후 교육적 활용 가능성과 실천적 적용 방안을 도출하는 것을 목적으로 한다. 이를 위해 본 연구는 AI의 교육적 활용 전략에 대한 기존 문헌을 고찰하고 글쓰기 교육과 창작 활동에서의 실제 적용 가능성을 검토하며 효과적인 교육적 활용 방안을 모색하였다. 이와 관련하여 기혜선(2023), 김효정 & 오새내(2023), 오선경(2023), 김명희(2023), 최민지(2023), 신정아(2024), 양일동(2024) 등의 연구는 챗GPT를 비롯한 생성형 AI 기술이 국어교육에 가져온 변화와 가능성을 다각도로 탐구하고 있다. 기혜선(2023), 김효정 & 오새내(2023), 오선경(2023)은 대학생을 대상으로 챗GPT를 활용한 과제 수행 및 글쓰기 경험을 분석하였으며 정보 수집, 분석, 아이디어 정리에서 AI의 유용성이 확인되었다. 김명희(2023)는 외국인 학습자의 한국어 글쓰기에서 챗GPT가 어휘 사용, 문법 정확성, 문장 구성 능력 향상에 기여함을 입증하였다. 최민지(2023)는 AI 기반 글쓰기 프로그램인 라이팅젤을 중심으로 초등 글쓰기 교육에 AI 적용 가능성을 탐색하였으며, 신정아(2024)는 설득적 글쓰기 교육에서 챗GPT 활용을 통해 질문 생성 전략과 글쓰기 능력 향상을 유도하였다. 양일동(2024)은 챗GPT를 활용한 시 쓰기 활동을 통해 AI와 인간의 협력적 창작 가능성을 조명하고 이를 기반으로 문학 교육의 혁신과 예술·기술의 융합을 추구하는 새로운 교육 패러다임을 제안하였다. 이러한 연구들은 AI의 교육적 활용이 국어교육 영역에서 실질적인 변화를 유도할 수 있음을 보여 주며 학습자의 창의성과 비판적 사고를 보완하고 새로운 학습 경험을 제공할 수 있는 잠재력을 강조한다. 그러나 이들 연구는 다음과 같은 공통된 한계를 지니고 있다. 첫째, 학습자가 AI에 과도하게 의존할 경우 자기주도적 사고력과 창의성이 저해될 수 있다는 점이다. 둘째, 다양한 학습자 환경과 문화적 맥락이 충분히 반영되지 않아 연구 결과의 일반화에 한계가 존재한다. 셋째, AI를 활용한 교육과 창작 활동의 장기적인 효과에 대한 실증적 검토가 부족하다. 넷째, AI 활용 과정에서의 윤리적 문제, 데이터 프라이버시, 정보 신뢰성 문제에 대한 심도 있는 논의가 미흡하다. 이러한 한계는 AI의 교육적 활용을 확산하고 지속 가능한 교육 모델로 정착시키기 위해 반드시 보완되어야 할 과제로 남아 있다.

이러한 문제 인식을 바탕으로 본 연구는 다음과 같은 교육적 접근을 통해 기존 연구의 한계를 보완하고자 하였다. 첫째, 다양한 AI 도구의 활용 가능성을 체계적으로 탐색하고자 한다. 챗GPT를 비롯한 여러 생성형 AI 기술이 국어교육에 어떻게 적용될 수 있는지를 다각도로 검토하며, 특히 글쓰기 지원 도구를 포함한 에듀테크 활용을 통해 국어교육의 확장성과 실천적 적용 가능성을 구체적으로 모색하고자 한다. 둘째, 이론적 논의를 실제 학교 현장에 적용함으로써 실천으로 확장하고자 하였다. 이론에 머무르지 않고 고등학교 교육 현장에서 자기주도적 AI 쓰기 프로젝트 수업을 직접 설계·적용함으로써 교육 모델의 타당성과 효과성을 실증적으로 검토하고자 하였다. 이를 위해 교사와의 협력적 설계를 통해 수업을 구성하고 현장 중심의 실천적 적용 가능성을 탐색하였다. 셋째, 학습자의 자기주도적 학습을 실질적으로 지원할 수 있는 전략을 마련하고자 하였다. AI 도구를 활용한 개별 맞춤형 학습 환경을 구현함으로써 학습자의 동기 유발과 자기주도적 학습 능력을 동시에 촉진하는 데 중점을 두었다. 이와 같은 교육적 접근은 국어교육 영역에서 AI의 실질적인 활용 가능성을 모색하고 AI 시대에 부합하는 새로운 국어교육 모델을 제시하며 미래 교육의 지속 가능성과 혁신적 방향성을 탐색하는 데 중요한 기초가 될 것이다.

자기결정성 동기와 창의적 자기효능감

1) 자기결정성 동기

Turner & Heffer(2009)는 대학생을 대상으로 자기결정성 동기가 학업 수행에 미치는 영향을 실증적으로 분석하였다. 이 연구에서는 자기결정성 동기를 외재적 동기, 내재적 동기, 무동기의 세 차원으로 구분하여 측정하였다. 그 결과, 자기결정성 동기 수준이 높을수록 학업 성취도와 학습에 대한 긍정적인 태도가 유의미하게 증가하는 것으로 나타났다. 특히 내재적 동기가 강한 학습자는 학업에 대한 열정과 지속적인 참여를 보인 반면, 외재적 동기나 무동기가 높은 학습자는 성취도가 낮고 학교 생활에 대한 만족도도 떨어지는 경향을 보였다. 이는 내재적 동기를 유발·촉진하는 것이 자기주도적 학습 참여와 성취 향상에 핵심적이라는 것을 시사한다. 나아가 학습자의 동기 구조를 이해하고 이를 활성화할 수 있는 다양한 교수 전략이 필요함을 강조하였다.

자기결정성이론에 따르면 자율성, 유능감, 관계성의 심리적 욕구가 충족될 때 학습자는 내재적 동기를 형성하게 되며 이는 자기조절학습 역량을 강화하는 데 기여한다(Deci & Ryan, 1985; Ryan & Deci, 2002). Reeve & Jang(2006), Zimmerman(2000) 등의 연구에 따르면 교사의 자율성 지지적 행동이 학습자의 자기결정성 동기를 촉진하며 이는 과제에 대한 책임감과 전략적 조절 능력 향상으로 이어진다. 본 연구는 이러한 이론적 배경을 바탕으로 자기주도적 AI 쓰기 프로젝트 수업을 설계하였다. 학습자가 주제를 탐색하고 구성하며 실천하는 과정에서 자율성, 유능감, 공동체적 관계성을 유기적으로 통합할 수 있도록 설계하였으며, 쓰기 활동이 자기결정성 동기 신장을 위한 실천적 장으로 기능할 수 있음을 전제로 한다. 이를 통해 자기결정성 동기 이론이 작문 활동 맥락에서도 학업 성취와 정의적 태도에 긍정적인 영향을 미칠 수 있음을 실증적으로 탐색하고자 하였다. 그러나 작문 교육 영역에서 자기결정성 동기에 기반한 국내 실증 연구는 여전히 부족하며 교육적 함의 또한 체계적으로 정립되지 않은 상황이다. 작문 교육은 학습자가 자신의 사고와 감정을 언어적으로 조직하여 표현하는 고차적 인지활동으로 비판적 사고력과 창의성 함양에 기여한다. 이러한 작문 교육의 효과는 학습자의 자발적 참여와 몰입이 전제될 때 극대화될 수 있으며, 이때 자기결정성 동기는 내재적 동기의 형성과 지속적인 학습 참여를 이끄는 핵심 심리 기제로 기능한다. 나아가 자기결정성 동기를 고양시키는 교육적 개입은 학습자의 정의적 역량 강화는 물론, 전반적인 학습 능력 향상에도 긍정적인 기여를 할 수 있다. 이에 본 연구는 자기결정성 동기 이론의 교육적 유용성을 작문 교육의 맥락에서 재조명하고 이를 실천적으로 반영한 프로젝트 기반 수업을 설계·적용함으로써 정의적 요소와 작문 역량, 궁극적으로 학습 능력 신장에 실질적으로 기여할 수 있는 방안을 모색하고자 한다.

이러한 이론적 틀을 바탕으로, 본 연구는 다음의 네 가지 요소를 중심으로 자기주도적 프로젝트 기반 작문 수업을 구안하였다. 첫째, 학습자에게 자유로운 선택의 기회를 제공한다. 다양한 글쓰기 주제 중에서 학습자가 자신의 흥미에 따라 자율적으로 주제를 선택하도록 하는 것은 학습 과정에 대한 통제감을 부여하며, 이는 곧 내재적 동기의 유발로 이어진다. 이러한 자율성의 충족은 자기결정성 이론에서 핵심적인 심리적 욕구 중 하나로 간주되며 기존의 여러 연구들에서도 선택권의 제공이 학습자의 몰입과 주도적 참여를 강화하는 데 유의미한 효과가 있음을 입증하였다. 둘째, 학습자가 스스로 작문 목표를 설정하고 이에 따른 학습 계획을 수립하도록 유도한다. 이는 자기결정성 이론에서 강조하는 유능성의 충족과 밀접하게 관련된다. 목표 설정은 학습자가 자신의 학습을 능동적으로 조절하고 관리할 수 있도록 하며 과제 성취의 경험을 통해 자신감과 자기 조절 학습 능력을 키울 수 있는 기반이 된다. 이러한 접근은 학습자의 책임감 고양과 주체적 성장을 실질적으로 촉진하는 전략으로 기능한다. 셋째, 교사와의 상호작용을 통해 개별화된 피드백과 학습 지원을 체계적으로 제공하는 것이다. 학습자가 글쓰기 과정에서 직면하는 어려움을 해소하기 위해 교사는 학습자의 수준과 요구를 반영한 구체적이고 건설적인 피드백을 지속적으로 제공해야 한다. 이러한 맞춤형 피드백은 유능성 인식을 강화하는 동시에 학습 과정에서 느끼는 정서적 부담을 완화하고 지속적인 동기를 유지하는 데 기여한다. 넷째, 자기 평가 활동을 수업 내에 구조화하여 포함시킨다. 학습자가 자신 또는 타인의 글을 성찰하고 평가하는 과정은 결과에 대한 의미 있는 반성을 가능하게 하며 자신의 강점과 개선점을 인식하게 함으로써 자기효능감을 고양시키고 자기주도성을 강화하는 데 효과적이다.

이와 같이 자기결정성 동기 이론에 기반한 작문 교육 접근은 학습자의 심리적 욕구를 충족하는 교육 환경을 조성함으로써 정의적 태도를 긍정적으로 변화시키고 지속적이고 자발적인 학습 참여를 유도할 수 있다. 특히 본 연구에서 제안한 자기주도적 프로젝트 기반 수업은 자기결정성 동기를 고취하는 실천적 전략으로 작문 역량 향상과 교육적 효과의 극대화에 기여할 수 있다.

2) 작문에서의 자기효능감

Graham & Perin(2007)은 학교 현장의 쓰기 교육이 텍스트 유형별 쓰기 지식이나 전략 중심의 인지적 지도에 편중되어 있다고 비판하며 이러한 접근은 실제적인 쓰기 역량 함양에 한계를 지닌다고 지적하였다. 특히 쓰기 능력이 낮은 학습자에게는 심리적 부담과 좌절감을 유발할 수 있다. 이에 따라 Hayes(1996, 2012)와 박영민(2010)은 인지 중심의 접근에서 나아가 정의적 요인을 고려해야 한다고 주장하였다. 정의적 요인은 쓰기에 대한 감정적 반응, 동기 수준, 자신감 등을 포함하며 이는 학습자의 지속적인 참여와 성취에 결정적인 영향을 미친다. 이 가운데 쓰기 자기효능감은 학습자가 글쓰기 과제를 성공적으로 수행할 수 있다는 신념으로 학습 태도와 성취 수준 모두에 영향을 미치는 정의적 요인이다(Pajares, 1997). Pajares & Johnson(1996)의 연구에 따르면 자기효능감이 높은 학습자는 자기조절 전략을 보다 효과적으로 활용하여 긍정적인 쓰기 태도를 나타내는 반면, 쓰기 불안은 상대적으로 낮았다. 이는 자기효능감이 쓰기 성과를 매개하는 심리적 중재 변수로 기능함을 보여 준다. 이에 따라 교육 현장에서는 자기효능감을 높이기 위한 실천적 전략(긍정적인 피드백 제공, 성공 경험 축적, 자기조절 전략)을 통한 지원이 요구된다. 국내에서도 관련 연구가 활발히 이루어졌다. 황순희(2004)는 초등 저학년을 대상으로 자기조절 학습전략 기반 글쓰기 프로그램을 적용한 결과, 쓰기 능력과 자기효능감 하위 요인의 유의미한 향상을 보고하였다. 박영민(2007)은 중·고등학생의 쓰기 동기와 자기효능감의 발달 양상을 분석하며 학년이 올라갈수록 전반적인 쓰기 동기와 쓰기 자기효능감이 점차 감소하는 경향을 확인하였다. 그러나 자아 탐색 및 자기표현 중심 과제에서는 높은 흥미와 몰입을 보였다는 점에 주목하였다. 이는 학습자의 삶과 연계된 의미 있는 쓰기 과제가 정의적 요인을 고양하는 데 효과적으로 작용할 수 있음을 시사한다. 또한 박영민 & 최숙기(2008)는 쓰기 자기효능감의 종단적 분석을 통해 학년이 올라갈수록 쓰기 자기효능감이 감소하며 이는 쓰기 성취에도 부정적인 영향을 미칠 수 있음을 밝혔다. 이에 따라 쓰기 자기효능감을 체계적으로 지원할 수 있는 교육적 개입의 필요성이 강조된다. 이러한 연구들은 쓰기 자기효능감, 쓰기 동기, 자기조절 전략 간의 상호 관련성을 실증적으로 조명하며 정의적 요인의 중요성을 뒷받침한다. 그러나 다음과 같은 한계가 존재한다. 첫째, 연구 대상이 특정 연령군에 국한되어 결과의 일반화 가능성에 제약이 있다. 둘째, 정의적 요인의 장기적 효과에 대한 실증적 검토가 부족하여 쓰기 능력의 지속적 발달을 설명하는 데 한계가 있다. 셋째, 학습자의 개인차를 반영하는 환경적 요인이나 문화적 맥락이 충분히 고려되지 않았다. 넷째, 제안된 교육 방안의 실제 수업 적용 가능성에 대한 구체적인 검토가 미흡하다.

이러한 맥락에서 이재승(2011)과 정희모(2013)는 작문 교육이 인지적 사고 과정뿐만 아니라 사회적 상호작용과 자아 정체성 탐색을 아우르는 통합적 교육 경험이 되어야 한다고 주장하였다. 효과적인 쓰기 교육은 인지 전략 중심의 지도와 함께 정의적 요소를 구조화된 방식으로 통합해야 한다. 이러한 접근은 학습자의 지속적인 참여와 자기조절 능력 강화, 나아가 쓰기 성취의 지속 가능성을 제고하는 데 기여할 수 있다. 본 연구는 이러한 관점을 바탕으로 쓰기 교육에 정의적 요인을 실질적으로 통합하는 교육 방안을 탐색하고 그 실천적 함의를 제시하고자 한다.

3) 창의적 자기효능감

창의성은 다양한 학문적 관점에서 정의되어 왔으며 최근에는 개인의 내적 요인과 외적 환경 간의 상호작용을 강조하는 통합적 접근이 주목받고 있다. Sternberg & Lubart(1991)는 창의성이 성격, 사고, 환경, 과제 간의 상호작용을 통해 발달한다고 보았다. 이경화(2002)는 Volcano 모형을 통해 사회문화적 환경과 과제 특성이 개인의 창의적 특성과 상호작용하여 창의성이 발현된다고 설명하였다. Amabile(1983)는 창의성이 내적 동기와 창의성을 지지하는 환경에서 참신하고 유용한 산출물로 나타난다고 보았고, Wolfe(1985)는 창의적 과정에서 정서가 핵심적인 역할을 수행한다고 보았다. 정서는 동기를 유발하고 과제에 대한 인식을 강화하며 연합적 사고를 통해 창의적 사고를 촉진하는 데 기여한다(Russ,

1993; 신문승, 2010 재인용). 창의적 인재 양성의 중요성이 교육계에서 강조되면서 창의성 함양을 위한 다양한 교육적 접근이 시도되고 있다. 특히 창의성 발달은 능력 자체보다는 그 능력에 대한 자기 신념, 즉 창의적 자기효능감에 의해 크게 영향을 받는다(성은현 외, 2005; Sternberg, 2003). 이에 2022 개정 교육과정은 학생의 창의적 자기효능감 신장을 중점 과제로 제시하고 있다. 창의적 자기효능감은 Gist & Mitchell(1992)의 이론을 바탕으로 Tierney & Farmer(2002)가 개념화한 것으로, 창의성이 요구되는 상황에서 자신의 창의성을 효과적으로 발휘할 수 있다는 자기 신념을 의미한다(Chen 외, 2001). 이는 창의적 과업을 예측하는 지표로서의 유용성과 함께 개인의 창의적 신념 수준을 진단하고 창의적 인재를 양성하는 교육적 도구로서 중요한 의미를 지닌다(하유경, 2015; Tan, 2011).

유경훈(2013)은 중학생을 대상으로 창의적 사고력과 자기효능감 간에 유의미한 정적 상관을 보고하였다. 특히 자기효능감의 하위 요인인 과제 난이도 선호, 자기조절 효능감, 자신감은 모두 창의적 사고력과 유의한 관계를 보였으며, 자기조절 능력이 주요한 설명 요인으로 나타났다. 김민정(2001), 최미현(2003)은 자기효능감 수준이 높은 집단에서 창의성도 높게 나타남을 확인하였으며 이는 학교 과제나 대인 관계를 통한 자기 신념이 창의성 발현에 영향을 미칠 수 있음을 시사한다. 또한 한순미 외(2005)는 자기효능감이 높은 학습자가 창의적 산출의 양적·질적 측면에서 뛰어날 가능성이 높다고 보고하였다. 이러한 경향은 다양한 국내외 연구에서도 일관되게 나타난다(김혜숙, 2010; 은영신, 유태용 & 서학삼, 2012; Beghetto, 2006; Choi, 2004; Egan, 2005; Jaussi, Randel, &

Dionne, 2007; Lemons, 2005; Tierney & Farmer, 2002, 2004). 이들은 공통적으로 창의적 자기효능감이 창의성 및 독창적 사고에 긍정적인 영향을 미친다고 강조하였다.

이러한 선행연구를 바탕으로, 본 연구는 글쓰기 활동에서 창의적 자기효능감을 증진시키는 것이 학습자의 과제 몰입과 자기조절 전략의 활용을 촉진하여 전반적인 학습 능력의 향상으로 이어질 수 있음을 강조한다. 즉, 자신의 창의성을 글쓰기 과정에서 발휘할 수 있다는 신념은 학습 동기를 강화하고 문제 해결 중심의 사고력과 표현 능력을 증진하는 데 긍정적으로 작용한다. 기존의 작문 이론은 글쓰기 능력 향상에 초점을 맞추는 경향이 강하나 본 연구는 학습 목적 글쓰기 과정에서 창의적 자기효능감과 학습 동기를 함께 증진시키는 것이 전반적인 학습 성장을 이끄는 핵심 요인이 될 수 있음을 탐색하고자 한다.

쓰기 과정에 대한 새로운 접근

기존의 글쓰기 교육 연구는 글쓰기 전(前) 단계인 아이디어 생성 활동의 중요성이 지속적으로 강조해 왔다. Graham & Perin(2007)은 학교 현장의 글쓰기 교육이 텍스트 유형이나 쓰기 전략에 편중된 인지 중심의 지도에 머무르고 있음을 지적하며 학생의 창의적 사고와 실제적인 글쓰기 역량을 함양하기 위해 교수·학습 전략의 전면적인 개선이 필요하다고 주장하였다. 이러한 문제의식에 기반하여 글쓰기 초기 단계인 내용 생성 과정을 효과적으로 지도하기 위한 방안을 탐색한 선행 연구들이 다수 수행되어 왔으며 조인혜(2005), 송의련(2006), 김준회(2009), 이선영(2011), 김혜연(2014)의 연구가 그 대표적인 사례라 할 수 있다. 조인혜(2005)는 아이디어 생성과 조직화 전략을 중심으로 글쓰기 능력 향상 방안을 제시하였고, 송의련(2006)은 글쓰기 전(前) 전략이 전체적인 쓰기 능력에 긍정적인 영향을 미친다는 것을 실증적으로 분석하였다. 김준회(2009)는 브레인스토밍과 마인드맵 활용을 통해 창의적 사고를 촉진하고 주제를 효과적으로 탐색하는 내용 생성 전략의 효과를 강조하였다. 이선영(2011)은 교수적 대화 전략과 내용 생성 프로그램이 학습자의 사고력과 흥미를 증진시키는 데 긍정적인 효과가 있음을 밝혔다. 김혜연(2014)은 생성하기(아이디어 도출)와 검토하기(내용 수정 및 평가)가 유기적으로 상호작용하는 통합적 접근의 필요성을 제기하며 글쓰기 교육이 반복적이고 역동적인 과정임을 강조하였다. 특히 이러한 통합적 접근이 학습자의 글쓰기 성취를 향상시키고 텍스트의 완성도를 높이는 데 효과적임을 확인하였다. 이러한 연구들은 공통적으로 내용 생성 전략이 학습자의 창의성, 사고력, 글쓰기 역량 향상에 기여함을 시사하고 있으며 브레인스토밍, 마인드맵, 교수적 대화 전략 등이 효과적으로 활용될 수 있음을 보고하고 있다. 그러나 기존 연구에는 다음과 같은 몇 가지 한계가 존재한다. 첫째, 질적 접근이 주를 이루며 내용 생성 전략의 효과를 정량적 자료로 실증한 연구는 상대적으로 부족하다. 둘째, 연구 대상이 특정 연령층에 편중되어 있어 결과 일반화에 한계가 있다. 셋째, 글쓰기 초기 단계에 집중한 연구가 대부분이며 생성과 검토의 통합적 접근에 대한 실천적 연구는 미흡하다.

이러한 한계를 보완하고자, 본 연구는 AI를 활용한 아이디어 생성 전략이 학습자의 글쓰기 능력과 정의적 요인에 미치는 영향을 정량적으로 검증하고자 한다. 더불어 다양한 교육 현장에 적용 가능한 통합적 글쓰기 교육 모델을 제안함으로써 AI 시대 국어과 쓰기 교육의 실천적이고 확장 가능한 교육적 함의를 제공하고자 한다. 특히 본 연구는 글쓰기 전(前) 단계인 내용 생성하기에서 AI의 교육적 활용 가능성을 다음의 측면에서 주목한다. 첫째, 창의적 사고의 촉진이다. AI는 방대한 언어 데이터를 바탕으로 다양한 아이디어를 신속하게 제시할 수 있는 도구로 학습자가 사고의 폭을 확장하고 독창적인 글쓰기 소재를 탐색하는 데 효과적으로 기여할 수 있다. 특히 브레인스토밍 과정에서 AI는 새로운 관점과 사고 방향을 제안함으로써 학습자가 다각도에서 아이디어를 탐색하고 독창적인 글쓰기 소재를 생성할 수 있도록 지원한다. 둘째, 아이디어의 구조화 및 논리적 조직화 지원이다. AI는 생성된 아이디어들을 논리적 흐름으로 재구성하거나 시각적으로 정리함으로써 학습자의 글 전개 방식과 논리성을 강화할 수 있다. 셋째, 개별 맞춤형 학습 지원이다. AI는 학습자의 수준과 흥미, 선행 지식 등을 분석하여 맞춤형 피드백과 작문 제안을 제공할 수 있다. 이는 학습자의 약점을 보완하고 강점을 강화하는 자기주도적 학습 환경을 조성하는 데 효과적이다. 특히 글쓰기에 어려움을 겪는 학습자에게는 심리적 부담을 완화하고 학습 지속 동기를 유지하는 데 긍정적인 영향을 줄 수 있다. 결론적으로, AI는 글쓰기의 내용 생성 과정에서 창의성 촉진, 아이디어의 조직화, 개별화된 학습 피드백 제공이라는 측면에서 교육적 효과를 지닌다. 이러한 AI 기반의 교수·학습 접근은 학습자 중심의 체계적이고 창의적인 글쓰기 환경을 구축하는 데 실질적으로 기여할 수 있다.

선행연구 검토의 시사점

선행연구 검토를 통해 본 연구는 글쓰기 활동에서 AI의 활용을 통해 학습자의 자기결정성 동기와 창의적 자기효능감을 증진시키는 것이 학습 역량 향상에 유의미한 영향을 미칠 수 있음을 전제로 하였다. 그 시사점은 다음과 같이 정리된다. 첫째, 자기결정성 동기 강화를 위한 교수 설계의 필요성이다. 기존 연구들은 자기주도적 학습 환경이 학습자의 내재적 동기를 강화하고 지속적인 학습 참여와 높은 성취로 이어진다는 점을 실증적으로 입증하였다. 본 연구 역시 학습자의 자율성과 선택권을 존중하는 교육 설계가 학습 몰입과 성과에 긍정적인 영향을 미친다는 점을 확인하였다. 이는 향후 글쓰기 교육에서 학습자 중심의 자율적 참여를 보장하는 교수·학습 전략의 중요성을 시사한다. 둘째, AI 기술의 교육적 활용 가능성이다. AI는 아이디어 생성, 논리적 구조화, 개별화된 피드백 제공 등의 기능을 통해 글쓰기 교육의 다양한 요구를 충족할 수 있는 교육 도구로 작용할 수 있다. 특히 브레인스토밍과 같은 아이디어 생성 초기 단계에서 AI는 사고의 폭을 확장시키고 구조적 제안을 통해 글의 논리성과 설득력을 강화한다. 또한 AI는 학습자의 특성에 따라 맞춤형 피드백을 제공함으로써 자기주도적 학습 환경 조성에 기여할 수 있다. 다만 AI 활용에는 윤리적 기준과 학습자의 독립적 사고를 보장하는 교육적 통제 전략이 병행되어야 하며 이에 대한 지속적인 논의가 요구된다. 본 연구는 AI의 효과적인 활용을 위해 기술적 지원뿐만 아니라 윤리적 기준과 지속 가능한 교수 설계 전략의 정립이 병행되어야 함을 강조한다. 셋째, 학습자 중심의 교수 설계 강화이다. 학습자의 흥미와 경험을 반영한 과제는 학습 동기와 창의적 사고를 동시에 촉진할 수 있다. 자아 탐색을 기반으로 한 글쓰기 과제는 학습자가 개인적 정체성을 사회적 맥락과 연결 짓는 기회를 제공하며 이는 창의적 문제 해결 능력과 사회적 상상력을 동시에 증진시키는 데 효과적이다. 또한 학습자 수준에 따라 제공되는 맞춤형 피드백은 자기 인식을 도와 자기조절 능력 강화에 기여한다. 이러한 과정 중심 접근은 학습자의 몰입과 주인의식을 고양시키며 결과적으로 지속 가능한 학습 성장을 촉진할 수 있다.

결론적으로 자기주도적 AI 쓰기 프로젝트는 학습자 중심의 교수 설계와 AI의 교육적 활용을 결합함으로써 창의성과 자기주도 역량을 동시에 강화할 수 있는 전략이다. 이는 AI 시대 교육의 방향성과 부합하는 미래지향적 교수·학습 모델로 기능할 수 있으며 학습자의 전인적 성장과 지속 가능한 학습 효과를 실현하는 데 기여할 것으로 기대된다.

2부

자기주도적 글쓰기와 AI 활용

- 글쓰기 교육과 AI

1. AI 활용 작문 지도의 이론적 근거

자기주도적 글쓰기와 AI 활용

 자기주도적 글쓰기는 학습자가 내재적 동기, 자율성, 자기효능감을 바탕으로 글쓰기의 전 과정을 스스로 계획하고 실행하는 활동을 의미한다. 이는 글쓰기 목표 설정, 문제 해결 전략의 선택, 결과의 점검 및 수정 등 자기조절 학습 능력을 포함하며 비판적 사고력, 창의성, 자기주도성과 같은 미래 핵심 역량을 함양하는 교육적 과정으로 기능한다. 이러한 맥락에서 최근 챗GPT를 비롯한 생성형 AI의 확산은 학습자의 읽기, 쓰기, 소통 방식에 근본적인 변화를 불러오고 있다(Higgs & Stornaiuolo, 2024). 특히 국어과 교육에서는 자연어 처리 기반의 글쓰기 보조 도구가 수업 현장에 도입되며 이에 대한 학계의 관심이 지속적으로 확대되고 있다(박숙자, 2024; 안예림, 2024; 유인근 & 박형용, 2023). 생성형 AI는 사용자 요청에 따라 언어를 능동적으로 생성하는 기술로 학습자의 사고 양식과 학습 수행 방식을 구조적으로 전환시키고 있다. 나아가 이러한 AI 기술의 교육적 적용은 글쓰기 교육의 패러다임 전환을 유도하는 핵심 동력으로 작용하고 있다(권순희, 김경주, 송지언, 이영호, 이윤빈, 이정찬, 주재우, 변경가, 2024).

강동훈(2023), 권태현(2023), 장성민(2023), 최숙기 & 박종임(2023)의 연구에 따르면 생성형 AI는 맞춤형 피드백 제공, 창의적 사고 자극, 협업 촉진, 학습 접근성 제고 등 다양한 교육적 이점을 지닌다. 특히 글쓰기 교육에서 학습자의 자기주도성을 촉진하는 도구로서 유의미하게 기능할 수 있음이 강조되었다. 생성형 AI는 학습자의 수준과 요구에 따라 즉각적이고 유연한 피드백을 제공함으로써 학습자가 자신의 글쓰기 과정을 점검하고 창의적 사고를 시도할 수 있도록 지원한다. 이는 교사 중심 수업에서 학습자 중심의 탐구 기반 학습으로의 전환을 가능하게 하는 환경을 조성한다는 점에서 교육적 의의가 크다(권순희 외, 2024; 한승우, 2024). 즉, 생성형 AI의 도입은 전통적인 글쓰기 양식에 본질적인 변화를 초래하며 이에 따라 학습자의 자기주도성 역시 새로운 차원으로 확장되고 있다.

자기주도적 글쓰기는 학습자가 내재적 동기, 자율성, 자기조절 능력을 바탕으로 학습 목표를 설정하고 전략을 계획·수행해 나가는 과정을 중시한다는 점에서 생성형 AI와 밀접한 관련성을 갖는다. 생성형 AI는 인간의 언어적 특성과 문화적 맥락을 반영하여 자연스럽고 유연한 문장을 생성할 수 있는 기술로(권태현, 2023; 장성민, 2023) 학습자의 사고 확장과 주체적 문제 해결을 가능하게 하는 비계(scaffolding)로 작용한다. 이는 자기주도적 글쓰기의 핵심 구성 요소인 자기조절 능력과 학습 동기를 강화함으로써 자기주도적 글쓰기 역량을 실질적으로 증진시키는 데 기여할 수 있다. 이러한 관점에서는 AI의 활용은 학습자 중심, 탐구 기반, 역량 중심 교육 패러다임과 긴밀하게 연결되며 미래교육이 지향하는 방향성과도 일치한다. 그러나 AI의 교육적 활용은 긍정적인 가능성과 더불어 윤리적 쟁점 및 학습 의존성 심화의 위험이라는 이중적 측면을 내포한다. 노대원 & 홍미선(2023), 윤인선(2023), 손달임(2023), 원만희 & 김종규(2021)의 연구에 따르면 생성형 AI는 글쓰기 교육의 효과성을 제고하는 유의미한 도구로 평가되지만 동시에 학습자의 독립적 사고력 약화, 표절 및 저작권 문제, 정보 신뢰성 결여 등의 부정적 결과를 초래할 수 있는 잠재적 위험 요소를 지니고 있다. 특히 교사의 과정 중심 피드백이 충분히 보장되지 않는 교육 환경에서 AI의 무비판적 도입은 학생이 텍스트 복제나 차용에 의존하게 할 가능성을 높이고 이는 평가 중심 글쓰기 교육의 한계를 더욱 심화시킬 수 있다(권태현, 2023; 신주은 외, 2023). 또한 AI에 대한 과도한 의존은 학습자의 자율적 사고와 탐구 능력을 저해할 수 있다. AI가 제공하는 문장이나 아이디어를 수동적으로 수용하는 학습 태도가 고찰될 경우, 학습자는 자신의 언어로 사유하고 구성하는 글쓰기 역량을 충분히 발달시키지 못해 장기적으로 자기주도적 학습 능력의 약화로 이어질 우려가 있다. 또한 생성형 AI를 활용한 글쓰기 과정에서는 표절 가능성 증가, 창의적 글쓰기 능력의 저하, 저작권 및 책임 소재의 불명확성, 개인정보 보호 및 공정 이용의 문제 등 다양한 윤리적 쟁점이 지속적으로 제기되고 있다(Gasaymeh et al., 2024). Bedington 등(2024)은 대학 강의 현장에서 실증적 사례를 통해 생성형 AI가 신뢰성 부족, 상투적 표현, 기존 편향의 재생산 등의 한계를 지니고 있음에도 불구하고 형성적 피드백 제공, 수사적 결정 촉진, 정서적 부담 완화 측면에서는 일정 수준의 교육적 효과를 발휘함을 보고하였다. 다만 이러한 효과를 교육적으로 극대화하기 위해서는 AI의 활용에 대한 통제 가능한 교육적 장치가 반드시 수반되어야 한다는 결론을 제시하였다. 이러한 논의는 생성형 AI가 글쓰기 교육에서 사고력과 자기주도성을 보조하는 수단으로 기능해야 함을 시사한다. 즉, AI는 학습자의 사고를 대체하는 것이 아니라 확장하는 매개로 활용되어야 하며 학습자가 독립적인 사고를 지속적으로 훈련하고 자신의 언어로 주체적인 글을 구성할 수 있도록 하는 교수·학습 설계가 병행되어야 한다. 이러한 접근은 비고츠키(Vygotsky)의 근접발달영역(Zone of Proximal Development, ZPD) 이론과 밀접한 관련이 있다. 비고츠키에 따르면, 근접발달영역은 학습자가 독립적으로 수행 가능한 실제 발달 수준과 타인의 도움을 받아 도달할 수 있는 잠재적 발달 수준 간의 간극을 의미한다(Bredekamp, 1992). 이러한 관점을 글쓰기 교육에 적용할 때, AI는 아이디어 생성, 글의 구조화, 표현 구체화 등 복합적 과업을 지원함으로써 학습자가 자신의 근접발달영역 내에서 효과적으로 성장할 수 있도록 돕는 문화적 도구로 기능할 수 있다. 특히 AI는 글쓰기의 초기 단계에서 인지적 발판을 제공하여 학습자가 스스로 해결하기 어려운 과제를 점진적으로 해결할 수 있도록 지원한다. 이는 비고츠키가 강조한 '보다 유능한 타인의 도움'을 기술적 매개를 통해 보완하는 방식으로 해석될 수 있으며 반복적 상호작용을 통해 학습자는 점차 외적 지원에 의존하지 않고 독립적으로 아이디어를 생성하고 글을 구성하는 자기조절적 글쓰기 역량을 발달시킬 수 있다. 이러한 경험은 고등 인지 기능의 향상과 자기주도적 글쓰기 능력의 증진으로 이어질 수 있다. 그러나 AI의 교육적 활용에 대한 논의는 긍정적인 가능성과 더불어 우려 또한 병존한다. 김혜연(2025)은 예비교사를 대상으로 한 연구에서 AI의 반복적 활용이 학습자의 작문 과정을 주체적으로 인식하는 데 장애가 될 수 있으며 자율적 사고 능력을 저해할 수 있는 교육적 한계를 지닌다고 지적하였다. 특히 AI에 대한 지속적 의존은 사고 정리와 구조화 능력의 발달을 방해하고 이는 결과적으로 자기주도적 글쓰기 역량의 약화로 이어질 수 있다. 이러한 비판적 시각은 인터넷 혼탁이나 모델 붕괴와 같은 개념에서 제기되는 정보의 신뢰성과 표현의 창의성 저하 문제와도 연결된다. 따라서 AI는 그 편의성과 즉각성에도 불구하고 교육 현장에서는 비판적 수용과 교육적 통제가 병행된 제한적 활용이 필요하다. 이는 학습자의 독립적 사고와 글쓰기 주체성을 보호하면서도 AI의 보조적 기능을 효과적으로 활용할 수 있는 실천적 방향을 제시한다는 점에서 의의가 있다. 이러한 문제의식은 노대원 & 홍미선(2023)의 연구에서도 확인된다. 이들은 챗GPT 기반 글쓰기에서 표절 가능성이 주요한 교육적 문제로 대두되고 있음을 지적하고 AI 시대에 적합한 교육 전환을 위해 사고력 중심의 교수·학습 설계와 학습자 중심 관점의 강화를 제안하였다. 같은 맥락에서 오선경, 장미정 & 박정은(2023)은 대학 글쓰기 수업의 AI 활용 실태를 분석하고 학습자들이 인용 방식과 윤리적 문제에 대한 교육의 필요성을 높게 인식하고 있음을 밝혔다. 연구 참여자들은 AI가 글쓰기 수행에 도움을 줄 수 있다는 점에는 동의하면서도 결과물의 무비판적 수용, 출처 미표시는 표절 및 윤리적 문제로 이어질 수 있다는 공통된 인식을 공유하였다. 이에 따라 AI 활용의 윤리적 책임을 강화하는 교육이 요구된다. 또한 주민재(2023)의 연구는 생성형 AI가 학습자의 창의성과 자기효능감에 미치는 영향에 대해 상반된 인식을 보여 주었다. 일부는 AI가 아이디어 생성과 확장에 긍정적으로 작용한다고 보았으나, 다른 일부는 AI에 대한 반복적 의존이 창의적 표현 능력 저해와 자기효능감 약화로 이어질 수 있다고 우려하였다. 이러한 문제의식을 바탕으로 본 연구는 AI의 활용을 글쓰기 전 과정이 아닌 내용 생성하기 단계, 즉 아이디어 생성과 구조 설계에 국한하여 전략적으로 적용할 것을 제안한다. 이는 학습자의 과도한 의존을 방지하면서도 글쓰기 초기 단계에서의 심리적 장벽을 완화하고 글쓰기에 대한 긍정적 태도를 형성하도록 돕기 위한 실천적 방안이다.

실제로 글쓰기 수행 과정에서 학습자가 가장 큰 부담을 느끼는 단계는 주제 설정과 아이디어 구성이며(조희정, 2011; 송정윤 & 김경환, 2016) 이 시점에서 AI의 보조는 실질적인 학습자 지원 도구로 기능할 수 있다. 학습자는 AI를 활용하여 다양한 아이디어를 탐색하고 표현 방식을 비교하며 자신의 초안을 주체적으로 점검하는 경험을 할 수 있다. 이러한 과정은 학습자의 자기효능감과 자기조절 능력 증진에 기여한다. 또한 AI는 단기적으로는 글쓰기의 진입 장벽을 낮추고 장기적으로는 자기주도적 글쓰기 역량을 강화하는 촉진 도구로 기능할 수 있다. 즉, AI는 국어과 글쓰기 교육에서 학습자의 주체적 사고와 자기조절 능력을 함양하는 데 있어 실질적인 교육적 의미를 지닌다. 이는 향후 학습자 중심의 탐구 기반 교육 패러다임 실현하는 데 기여할 수 있는 보조적 매개로서의 가능성을 내포하고 있다. 이러한 전략적 활용은 국어과 교육이 지향하는 본질적 목표인 사고력, 표현력, 자기주도성 함양과 긴밀하게 연결되며 AI 시대에 부합하는 교육적 전환의 기반을 제공할 수 있을 것이다.

학습 전략으로서의 쓰기

 글쓰기는 독립적인 목적적 행위로 기능할 수 있으나 특정 맥락에서는 학습을 촉진하는 수단으로도 활용된다. 특히 학습 목적 글쓰기(writing to learn)는 글쓰기가 특정 교과의 개념과 지식을 습득하고 정교화하는 과정을 지원한다는 전제에서 출발한다(김혜연, 2016: 29). 이는 글쓰기 과정에서 요구되는 문제 해결 중심의 사고가 학습의 핵심 인지 과정과 유사하다는 점에 근거하며 결과물보다 인지적 수행 과정에 주목한다(김혜연, 2016: 36). 학습 목적 글쓰기는 내용을 구조화하고 이해를 심화하는 학습 중심 활동으로 학문 목적 글쓰기, 학술적 글쓰기, 내용 영역의 쓰기 등 유사 개념과 함께 논의된다. 특히 범교과 글쓰기와 교과 내 글쓰기 등은 대학과 중등 교육 현장에서 각각 세분화된 형태로 적용되고 있다. 이러한 접근은 결과물의 완성도보다는 글쓰기 활동이 학습자의 인지 구조와 개념 형성에 미치는 영향을 핵심 가치로 삼는다. 이윤빈(2013)의 연구는 학습자가 동일한 과제를 수행하더라도 과제 표상과 인식 방식에 따라 텍스트의 구성 양상이 달라진다는 점을 실증적으로 제시하였다. 이는 글쓰기 과정이 학습자의 사고 양식과 밀접하게 연결된다는 점에서 학습 목적 글쓰기의 교육적 타당성을 뒷받침한다.

 학습 목적 글쓰기에 대한 이론적 논의는 글쓰기를 학습 촉진 수단으로 보는 공통된 전제를 공유한다(Newell, 1984; Klein, 1999; Kieft et al., 2008). 물론 그 효과는 과제 유형, 학습자의 특성, 수업 맥락 등에 따라 상이할 수 있으며 글쓰기가 항상 일관된 학습 효과를 보장하는 것은 아니다(Bangert-Drowns et al., 2004; Jani & Mellinger, 2015; Kieft et al., 2008). 그럼에도 불구하고 최근 연구들은 글쓰기가 개념 이해를 심화시키고 사고를 촉진하는 데 긍정적으로 기여한다는 것을 대체로 인정하고 있다. 특히 자료 통합적 글쓰기나 근거 기반 글쓰기와 같은 유형의 글쓰기가 중등 교육과정에서도 그 중요성을 얻고 있으며(장성민 & 민병곤, 2016; Graham et al., 2016) 이는 디지털 환경에서의 글쓰기 교육 변화 흐름을 반영한다. 다만 일부 접근에서는 텍스트나 장르를 개별 맥락과 내용에 과도하게 종속시켜 학습 목적 글쓰기의 범교과적 효용이 간과되기도 한다는 비판이 제기된다(정희모, 2015: 159). Boscolo et al(2011)은 학습 목적 글쓰기를 글의 형식적 완성보다 개념 이해와 지식 구조의 심화에 초점을 두는 수행 중심 활동으로 규정하였다. 실제로 선행연구에서는 글쓰기 전후의 개념 이해 변화나 인지적 수행 변화에 대한 실증 분석을 통해 그 효과를 검토하고 있다(Klein et al., 2016: 248).

본 연구는 글쓰기 능력 향상보다 자기주도적 AI 쓰기 프로젝트를 통한 학습 동기와 창의적 자기효능감 제고에 초점을 둔다. 특히 AI를 글쓰기 과정에 전략적으로 통합하여 학습자가 주제를 탐색하고 자료를 조직하며 아이디어를 생성하는 경험을 제공함으로써 인지적·정의적 역량에 긍정적 영향을 미치고자 한다. 이러한 접근은 글쓰기를 학습의 매개로 보는 학습 목적 글쓰기의 관점과 밀접하게 연관되며(Boscolo et al., 2011; Klein et al., 2016) 디지털 문식 환경에서 창의성과 내적 동기를 증진시킬 수 있다는 최근 연구 결과와도 부합한다(Newell, 1984; Bangert-Drowns et al., 2004; Kieft et al., 2008). 이에 본 연구는 글쓰기 수행의 질적 평가나 작문 기술 향상 여부보다 AI 기반 글쓰기 프로젝트에서의 자기주도적 참여 경험이 학습 동기와 창의적 자기효능감에 미치는 영향을 중점적으로 분석한다. 이에 따라 작문 중심 척도 대신 학습 동기와 창의적 자기신념을 측정할 수 있는 변인을 설정하고 AI 활용이 학습자의 자기주도적 인지 변화와 창의적 태도 형성에 기여할 가능성을 검토하고자 한다.

AI 활용 글쓰기와 정서적 요인

1) 자기결정성 동기

Deci & Ryan(1985, 2000)은 인간의 동기와 행동을 이해하기 위한 심리학적 이론으로 자기결정성 이론(Self-Determination Theory, SDT)을 제안하였다. 이 이론은 인간이 자율적으로 동기를 형성하고 행동을 지속하기 위해 충족되어야 하는 세 가지 기본적인 심리적 욕구, 즉 자율성(autonomy), 유능감(competence), 관계성(relatedness)을 중심 개념으로 설정한다. SDT에 따르면 이 세 가지 욕구가 충족될 때 학습자는 외적 통제가 아닌 내재적 동기를 바탕으로 자발적인 학습에 몰입하여 지속적인 성장으로 나아가게 된다. 첫째, 자율성은 학습자가 자신의 행동을 스스로 선택하고 조절할 수 있다는 인식을 의미한다. 자율성이 충족된 학습자는 자신의 행동이 내적인 의지에 기반한다고 느끼며 이러한 감각은 자기주도적 참여와 몰입을 촉진한다. 둘째, 유능감은 학습자가 과업을 성공적으로 수행할 수 있다는 능력에 대한 긍정적 자기 인식을 뜻한다. 이는 도전적인 과제를 극복하거나 성취를 경험할 때 강화되며 지속적인 학습 동기의 기반이 된다. 셋째, 관계성은 타인과의 정서적 유대, 소속감을 바탕으로 의미 있는 상호작용을 경험하고자 하는 욕구를 나타낸다. 관계성이 충족되면 학습자는 정서적으로 안정되고 학습 공동체 내 지속적인 참여가 가능해진다. 이러한 심리 욕구가 균형 있게 충족될 경우 학습자는 외재적 보상이나 처벌에 의존하지 않고 내재적 동기에 기반한 자발적인 학습을 수행할 가능성이 높아진다. 임지현 외(2007: 171)의 연구에서도 자율성, 유능감, 관계성의 충족 수준이 높을수록 자기결정성이 향상되며 이는 학업 성취와도 유의한 정적 상관관계를 나타낸다고 보고되었다. 이러한 결과는 자기결정성이 학습 동기 형성과 학업 성취를 결정짓는 중요한 심리적 기반임을 실증적으로 입증하는 근거가 된다.

한편, Deci & Ryan(1985; 2000)은 자기결정성의 정도, 자율성 조절의 양상에 따라 인간의 동기를 하나의 연속선상에 위치시키는 구조적 모델을 제시하였다. [그림 2-1]에 제시된 바와 같이, 이 연속선은 무동기를 시작으로 외재적 동기, 내재적 동기로 점차 이동하며 각 동기 유형은 자기결정성 수준에 따라 구분된다. 이러한 자기결정성 연속체 모델은 학습자의 동기가 고정된 특성이 아니라 교육적 개입이나 환경적 조절에 따라 보다 자율적이고 자기결정적인 방향으로 변화 가능하다는 점을 시사한다. 이는 교육 현장에서 실천적 개입을 위한 중요한 이론적 토대를 제공한다.

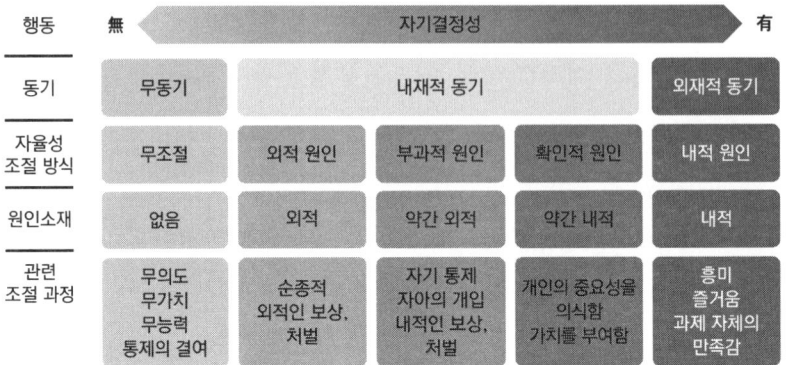

[그림 2-1] 자기결정성에 따른 동기유형(Deci & Ryan, 2000)

① 무동기(Amotivation)

무동기는 자기결정성 연속체의 가장 낮은 수준으로 학습자의 행동에 대한 자기결정성이 전혀 결여된 상태를 의미한다. 즉, 학습자가 과제 수행에 대해 내적 동기뿐 아니라 외적 동기도 느끼지 못하는 비의도적 상태로 동기 자체가 부재한 상황이다. Deci와 Ryan(2000)은 무동기를 개인이 특정 행동을 통해 원하는 결과를 성취할 수 있다는 인식이 결여되거나 해당 행동에 대해 내적·외적 가치를 전혀 부여하지 않는 상태로 정의하였다. 이 상태에 있는 학습자는 특정 행동을 유도할 내적 혹은 외적 동기 요인이 모두 부재하므로 행동 자체가 유발되지 않는다.

무동기 상태는 Bandura(1986)가 말한 자기효능감 결여(자신이 유능한 수행 주체가 아니라는 인식)와 Seligman(1975)이 주장한 학습된 무기력(노력해도 성공할 수 없다는 기대의 결여)과 밀접한 관련이 있다. 이러한 학습자는 과제 수행에 대한 효능감과 자기조절 능력이 모두 결핍되어 있으며 외재적 동기와 내재적 동기 모두로부터 멀어진 상태에 있다(Deci & Ryan, 2000). 따라서 이 상태에 놓인 학습자에게는 의미 있는 목표와 선택의 기회를 제공하고 소규모 성공 경험을 축적할 수 있도록 하는 전략적 개입이 필요하다. 이를 통해 학습자는 점진적으로 행동의 의미를 인식하고 그 과정에서 동기를 내면화하며 자기결정적 학습 태도를 회복할 수 있게 된다.

② **외재적 동기(External motivation)**

외재적 동기는 행동의 동기가 내적 흥미나 만족감이 아닌 외적 보상이나 결과에 의해 유발되는 경우를 의미한다.

외적 조절(외적 원인, External regulation)은 가장 낮은 수준의 자기결정성을 지닌 외재적 동기 유형으로, 행동이 외부로부터 제공되는 보상을 획득하거나 처벌을 회피하기 위한 수행되는 경우를 말한다. 이 경우 학습자는 자신의 내적 가치나 흥미보다 외부의 통제와 자극에 의해 행동을 결정한다. Deci, Koestner & Ryan(2001)은 이러한 외적 보상이 단기적으로는 행동을 촉진할 수 있으나 장기적으로는 내재적 동기를 저해할 가능성이 높다고 지적하였다. 즉, 지속적인 학습 동기를 형성하기에는 한계가 있으며 외적 자극에 대한 의존성이 강화될 수 있는 위험이 있다.

내사된 조절(부과된 원인, Introjected regulation)은 외적 기준이나 기대를 부분적으로 내면화한 상태를 의미하며 학습자가 죄책감, 불안, 수치심 등의 부정적 감정을 회피하거나 자기 승인 또는 자아존중감을 유지하기 위해 행동을 수행하는 경우를 포함한다. 겉으로는 자율적 행동처럼 보일 수 있으나 실제로는 자기 비난에 기반한 내적 압력에 의해 통제되는 동기 형태로 분류된다. Ryan(1982) 및 Deci & Ryan(1995)은 이 조절 유형이 자아존중감 유지와 관련되며 동기의 지속성과 심리적 안정성 측면에서 제한적임을 지적하였다. 즉, 외부 기준이 제거되었을 때 학습 동기는 쉽게 약화될 수 있다.

확인된 조절(확인된 원인, Identified regulation)은 행동의 목적과 가치를 학습자 스스로 인식하고 수용한 상태로, 외재적 동기 중 상대적으로 높은 자기결정성을 가진 유형이다. 학습자는 과업 수행이 개인적으로 중요하다고 판단되거나 의미 있는 목표 달성을 위한 수단으로 인식할 때 이 유형의 동기를 보인다. 김아영 외(2001: 101)는 확인된 조절을 행동 그 자체에서 즐거움을 느끼기보다는 결과를 위한 동기로 설명하면서 외재적 동기에서 내재적 동기로의 전환을 위한 중간 단계로 평가하였다. 이는 외부 보상이나 처벌에 의한 동기보다 깊이 내면화된 동기로 자발적 행동 선택이 가능하다는 점에서 자기결정성이 높지만 여전히 외부 목표 달성을 위한 동기 요소를 내포하고 있다.

③ 내재적 동기(내적 조절, Intrinsic motivation)

내적 원인, 즉 내재적 동기는 행동 자체에서 유발되는 즐거움이나 만족감을 동기로 하여 자발적으로 행동을 수행하는 동기 유형을 의미한다. Ryan & Connell(1989)은 내재적 동기를 자기결정적 행동의 원형(prototype)으로 정의하며 이는 특정 활동에 대한 고유한 흥미나 몰입 또는 활동 자체로부터 발생하는 내적 만족감이 행동의 주된 유인으로 작용하는 상태라고 설명하였다. 즉, 내재적 동기는 외적 보상이나 타인의 인정 없이 학습자 스스로 활동에 의미를 부여하고 즐거움을 느끼는 상태로 호기심, 탐구심, 창의성 발현과 밀접하게 관련된다. 이러한 내재적 동기는 학습자의 인지적 몰입과 지속적인 학습 참여를 유도하며 장기적으로는 자기주도적 학습 역량 강화와 고차 사고력 함양으로 이어질 수 있다. 따라서 내재적 동기는 학습자의 지속적인 성장을 견인하는 핵심 동력으로 작용하며 교육적 관점에서는 학습자의 동기 구조를 이해하고 내재적 동기를 촉진할 수 있는 환경과 전략을 마련하는 것이 중요한 과제로 제기된다.

이와 같은 동기 유형에 대한 이론적 가설은 다양한 경험적 연구를 통해 실증적으로 검증되어 왔다(Deci & Ryan, 1985; Ryan & Connell, 1989; Vallerand & Bissonnette, 1992; Hayamizu, 1993, 1997; 조현철, 2000; 김아영 & 오순애, 2001; 김아영, 2002). 이러한 연구들은 자율성, 유능감, 관계성 등 자기결정성 이론의 핵심 심리욕구가 충족될 때, 학습자의 동기와 행동에 긍정적인 영향을 미친다는 점을 실증적으로 밝혀냈다. Deci & Ryan(1985)은 내재적 동기와 외재적 동기가 인간의 행동에 미치는 영향을 이론적으로 정립하였고, Ryan & Connell(1989)은 외재적 동기의 내면화 과정을 체계적으로 분석하였다. Vallerand &

Bissonnette(1992)는 운동 참여 상황에서 다양한 동기 유형의 작용을 경험적으로 검토하였고, Hayamizu(1993, 1997)는 일본 학습자를 대상으로 자기결정성 동기 구조와 학습 참여 간의 상관성을 확인하였다. 국내 연구에서도 자기결정성 동기의 유효성이 반복적으로 입증되었다. 예를 들어 김은영(2007)은 초·중·고등학생을 대상으로 한 연구에서 자기결정성이 높은 동기 유형이 자기조절학습과 유의미한 정적 상관을 지닌다는 결과를 도출하였다. 이러한 연구들은 자기결정성 이론이 문화적·교육적 맥락을 초월하여 보편적으로 적용 가능한 이론적 틀임을 시사하며 학습자의 동기 구조와 학습 행위의 변화를 이해하는 데 실질적인 통찰을 제공한다.

본 연구는 이러한 이론적 기반을 토대로 자기주도적 AI 쓰기 프로젝트 학습이 학습자의 자기결정성 동기를 어떻게 촉진하며 나아가 정의적 요소와 인지적 성취를 포함한 학습 전반에 어떠한 영향을 미치는지를 실증적으로 분석하고자 한다.

2) 창의적 자기효능감

최근 창의성에 대한 사회적 관심이 고조되면서 창의성과 관련된 심리적 요인을 규명하려는 연구가 활발히 이루어지고 있다. 이 가운데 자기효능감은 창의성 발현과 밀접하게 연관된 핵심 심리 변인으로 주목받고 있다. Bandura(1997)는 창의적 역량을 발휘하는 과정에서 자기효능감의 중요성을 강조한다. 특히 기존의 틀을 벗어나거나 결과 도출이 지연되어 사회적 수용 가능성이 낮은 창의적 과제일수록 더 높은 수준의 자기효능감이 요구된다고 주장하였다. 창의적 자기효능감은 일반적인 자기효능감 개념에서 발전된 개념으로 창의성이 요구되는 특정 상황이나 과제에서 창의적 행동을 성공적으로 수행할 수 있다는 자기 신념을 의미한다(Chen, Gully, & Eden, 2001; Lopez, 2003; Tierney & Farmer, 2002). 이 개념은 Gist & Mitchell(1992)에 의해 처음 제안되었으며 개인이 자신을 창의적인 사람으로 인식하는 정도와 창의적 과제를 해결할 수 있는 역량에 대한 자기평가를 의미한다. Tierney & Farmer(2002)는 이를 조직 맥락에서 확장하여 복잡하고 새로운 문제 상황에서 구성원이 창의적 해결책을 도출할 수 있다고 믿는 심리적 특성으로 개념화하였다.

다수의 실증 연구는 창의적 자기효능감이 높은 학습자일수록 새로운 접근을 선호하고 창의적 해결책을 적극적으로 탐색하며 창의적 행동을 실제로 실천에 옮기는 경향이 높다는 점을 보여 주었다(Phelan & Young, 2003; Yu, 2013). 특히 Yu(2013)는 창의적 자기효능감이 학습자의 창의성 실현 가능성을 높이는 심리적 기반임을 강조하였다. 이와 같은 논의는 창의성 발달에서 개인의 역량 자체보다 성공에 대한 신념, 자기 신뢰, 내재적 동기 등의 심리적 요인이 보다 결정적인 역할을 수행한다는 점을 시사한다(Sternberg, 1999, 2003; 성은현 외, 2005). 실제로 창의적 자기효능감은 숙달 목표 지향성과 정적 상관을 보이며(Beghetto, 2006) 작업에 대한 몰입을 촉진하고(Csikszentmihalyi, 1996) 조직의 혁신적 역량을 강화하는 데 기여하는 중요한 심리 요인으로 기능한다(Carmeli & Schaubroeck, 2007; Choi, 2004; Tierney & Farmer, 2011). 이러한 연구 결과들은 창의적 자기효능감이 학습자의 몰입, 창의적 노력, 성과 향상에 결정적인 영향을 미치며 전반적인 학습 경험에 긍정적인 파급 효과를 유도한다는 점을 입증한다. 따라서 창의성 교육 또는 창의적 인재 양성을 위한 환경 조성에 있어 학습자가 자신의 창의적 역량을 긍정적으로 인식하도록 유도하고 창의적 자기효능감을 체계적으로 증진시키는 전략적 개입이 필수적이다.

이에 본 연구는 창의적 자기효능감이 글쓰기 활동을 통해 증진될 수 있으며, 이는 학습자의 창의성, 정의적 요소, 더 나아가 전반적인 학습 능력 향상에 긍정적인 영향을 미칠 것이라는 가설을 설정하였다. 특히 창의성이 요구되는 글쓰기 맥락에서 학습자가 자신의 창의적 역량에 대한 신념을 강화할 수 있는 경험을 제공하는 것이 교육적 성취에 효과적으로 기여할 것이라 보고 그 실증적 타당성을 검토하고자 한다.

3) AI 활용 글쓰기와 정서적 요인의 교육적 연계 가능성

최근 AI의 활용 가능성이 주목받는 가운데 자기결정성 이론과 창의적 자기효능감의 관점에서 AI 활용 글쓰기를 조망하려는 시도가 점차 그 중요성을 더해가고 있다. Deci & Ryan(1985, 2000)이 제안한 자기결정성 이론은 학습자의 내재적 동기 형성과 유지에 필요한 기본 심리 욕구인 자율성, 유능감, 관계성을 중심으로 구성된다. 이 세 요소가 충족될 때 학습자는 보다 지속적이고 깊이 있는 동기를 형성하며 학습에 자발적으로 참여하게 된다. 한편, Tierney & Farmer(2002)가 정의한 창의적 자기효능감은 학습자가 창의적 과제를 성공적으로 수행할 수 있다는 신념을 의미하며 창의적 사고와 행동의 실현 가능성을 높이는 심리적 기반으로 작용한다. 창의적 자기효능감이 높은 학습자는 정형화된 방식보다 새로운 시도를 선호하고 과제에 대한 몰입과 지속성을 보인다. 특히 이 신념은 자기결정성 이론에서 강조하는 자율성과 유능감의 경험을 통해 더욱 강화된다(Beghetto, 2006).

이러한 맥락에서 AI의 보조적 활용은 자기결정성 이론과 창의적 자기효능감 간의 상호작용을 활성화하는 교육적 전략으로 기능할 수 있다. 국어과에서 강조되는 학습 목적 글쓰기는 결과물보다 글쓰기 과정에서의 사고력, 표현력, 자기조절력 함양에 중점을 두며, 이는 AI의 전략적이고 제한적인 활용과 교육적 접점을 형성한다. 실제로 많은 학습자들이 주제 설정이나 아이디어 구상 단계에서 심리적 저항감과 인지적 부담을 경험하고 있으며 이 지점에서 AI는 글쓰기의 진입 장벽을 낮추는 촉진 매개로 작용할 수 있다. AI는 학습자에게 주제 탐색, 아이디어 생성, 표현 방식 선택 등의 다양한 선택지를 제시함으로써 자율성 경험을 유도하고 문장 구성이나 구조 제안 등의 기능을 통해 유능감 인식을 촉진한다. 이는 결과적으로 창의적 자기효능감의 향상을 이끄는 정서적 강화 요인으로 작용할 수 있다. 나아가 AI가 제공하는 아이디어의 다양성과 표현 방식의 확장은 학습자가 창의적으로 글을 쓸 수 있다는 인식을 강화하고 반복적 시도와 피드백을 통해 창의적 문제 해결 능력을 체험하도록 유도한다. 특히 글쓰기 초기 단계에서의 AI 활용은 Bereiter & Scardamalia(1987)가 제안한 미숙한 필자 지원 전략, 그리고 Kim(2005)이 논의한 교육적 비계(scaffolding)의 개념과 맞닿는다. 이는 글쓰기를 시작하지 못하는 학습자에게 인지적·정서적 진입점을 제공하고 창의적 자기효능감과 자율성을 점진적으로 확장하도록 돕는 교육적 개입으로 기능할 수 있다. 결과적으로 AI의 제한적이고 전략적인 활용은 국어과 학습 목적 글쓰기의 교육적 취지와 상충하지 않으며 오히려 그 실현을 위한 효과적인 수단이 될 수 있다. 특히 자기효능감이 낮고 글쓰기에 대한 심리적 장벽이 높은 학습자에게 AI는 주체적 글쓰기의 가능성을 열어 주는 보조 도구로 작용하며 자기결정성 동기를 자극하고 창의적 자기효능감을 고양시키는 계기를 제공한다. 이러한 경험은 학습자가 점진적으로 AI 의존에서 벗어나 자신의 언어로 사고하고 구성하며 표현하는 자율적 글쓰기의 단계로 이행할 수 있도록 이끄는 출발점이 된다. 즉, AI는 인지적 촉진자이자 정서적 비계로 기능하며 학습자의 주체적 글쓰기 역량 개발을 안내하는 교육적 전환점이 될 수 있다. 향후 국어과 글쓰기 교육에서 AI의 교육적 활용은 보다 포용적이고 맞춤형 학습 설계를 가능하게 하는 실천 전략으로 주목받을 수 있을 것이다.

2. 교수학습 설계의 이론적 근거

쓰기 과정으로서의 내용 생성하기

1) 내용 생성하기의 이해

  쓰기 과정에서 AI의 효과적 활용을 위해서는 적용 시점에 대한 면밀한 고찰이 필요하다. 이 중 내용 생성하기는 AI 도구의 교육적 개입이 가장 실질적인 효과를 발휘할 수 있는 핵심 단계로 주목된다. 내용 생성하기는 글쓰기의 초기 단계로, 주제와 관련된 아이디어를 탐색하고 수집하는 인지적 과정이며 창의적 사고가 중심적으로 요구된다. 이 과정에서 학습자는 기존의 사고의 틀을 넘어서는 새로운 발상과 독창적인 착상을 도출하며, 이는 글의 내용과 구조를 보다 심화시키고 텍스트의 질적 완성도를 높이는 데 기여한다(박영목, 한철우 & 윤희원, 2009: 203).

  이와 유사한 개념으로는 고전 수사학의 창안(invention)과 사고의 자발적 흐름을 강조하는 생성(generation), 생성된 아이디어를 선별하는 선정(selection)이 있다. 이러한 개념들은 모두 사고의 확산과 구조화를 유도하는 복합적 인지 활동으로 글쓰기의 방향성과 완성도를 좌우하는 핵심 요소로 기능한다. 아이디어 생성 개념에 대한 학문적 정의도 다양하게 제시되어 왔다. 박영목(1987)은 이를 문자로 표현하기 이전의 모든 사고 활동으로 규정하고 이를 아이디어 발견과 조직으로 구분하였다. 원진숙(1995)은 이를 본격적인 집필 이전의 아이디어 생산 단계로 정의하였고, 박미희(1994)는 주제 설정, 글감 찾기, 구상 등 초기 사고 활동 전반을 포함시켰으며, Flower & Hayes(1981)는 아이디어 생성, 조직, 목표 설정을 계획하기의 하위 과정으로 간주하였다. 본 연구에서는 이재승(2002: 263-264)과 박영목(1987: 85)의 견해를 수용하여 내용 생성하기를 문자 언어 표현 이전의 모든 사고 및 탐색 활동 전반으로 정의한다. 이는 학습자가 사고를 구조화하고 표현의 기반을 마련하는 단계로서 글쓰기의 질적 완성을 위한 전제 조건이라 할 수 있다. 그러나 전통적인 결과 중심의 쓰기 교육에서는 이러한 과정이 상대적으로 소외되어 왔다. 완성된 결과물 중심의 수업은 아이디어 도출과 발전의 중요성을 충분히 조명하지 못하였고, 그 결과 많은 학생들이 글쓰기의 초기 단계에서 정서적 위축과 인지적 부담을 경험하게 되었다. 실제로 많은 학습자들이 글감 탐색이나 주제 구체화에서 막막함을 느끼며 글쓰기 자체를 회피하거나 자신감을 상실하는 현상이 빈번히 나타난다. 이는 정서적 안정과 자율성의 선행이 글쓰기 역량 발현에 핵심적인 전제임을 시사한다. 이러한 맥락에서 AI는 학습자의 인지적 부담을 경감하고 창의적 사고를 촉진하며 정서적 진입 장벽을 완화하는 도구로 기능할 수 있다. 특히 내용 생성 단계에서의 AI 활용은 학습자가 사고를 구조화하고 표현 기반을 형성하는 데 실질적인 인지적·정서적 촉진 장치로 작용한다. 이는 낯선 주제에 대한 불안을 완화하고 학습자가 능동적으로 아이디어를 탐색하도록 유도함으로써 자율성과 창의적 자기효능감의 토대를 마련한다.

이러한 경험은 학습자가 점차 AI의 도움 없이도 자율적이고 창의적인 글쓰기를 수행할 수 있도록 이끈다. AI는 학습자의 자기결정 동기와 창의적 자기효능감을 자극하는 보조적 매개로 기능하며 최종적으로는 독립적 글쓰기 능력으로의 이행을 촉진하는 도구로 작동한다. 따라서 AI는 글쓰기 역량을 대체하지 않고 학습자가 자기주도적 역량을 형성하도록 지원하는 교육적 도구로서, 특히 내용 생성 단계에서 가장 정당하고 효과적인 활용 가능성을 지닌다.

2) 내용 생성하기 전략

내용 생성하기 단계에서의 사고 활동은 창의적 사고를 활성화하는 핵심 과정으로 다양한 전략이 활용된다. 브레인스토밍, 생각 그물 만들기, 이야기 나누기, 관련 자료 읽기, 면담하기 등은 대표적인 전략이며 이러한 활동은 아이디어의 확산과 구체화를 통해 글의 내용적 풍부함을 증진시키는 데 기여한다(박영민 외, 2016: 277). 실제 글쓰기 지도 현장에서도 언어적 표현 능력 자체보다 글쓰기의 목적 설정과 내용 생성 과정이 쓰기 결과물의 질을 좌우하는 주요 요인으로 작용하는 경우가 많다(박수자, 2002: 36). 이는 내용 생성 단계에서 이루어진 사고 활동이 글의 핵심어와 중심 내용을 구성하는 기초 자료로 기능함을 시사한다. 글쓰기는 필자의 사고, 감정, 창의적 성향을 언어적으로 구성·표현함으로써 의미를 생성하고 이해하는 인지적이면서도 정서적인 활동이다. 따라서 효과적인 글쓰기를 위해서는 깊이 있는 사고를 바탕으로 이를 논리적이고 조직적으로 정리하려는 인지적 노력이 필수적이다. 이러한 맥락에서 발상과 그 체계화는 글의 내용을 구성하고 구조화하는 데 핵심적인 역할을 하며 내용 생성의 중심 전략으로 기능한다. 이러한 내용 생성 활동은 길포드(J. P. Guilford)의 창의성 이론, 특히 발산적 사고와 수렴적 사고의 개념에 기반할 수 있다.

〈표 2-1〉 발산적 사고와 수렴적 사고(김영철 외, 2012: 169)

발산적 사고	수렴적 사고
가능한 많은 아이디어를 생산하라	최선의 아이디어를 찾아라
모든 아이디어를 받아들여라	모든 아이디어를 의심하라
평가와 판단은 보류하라	객관적 기준에 따라 평가하고 판단하라
최대한 생각의 폭을 넓혀라	최대한 깊이 생각하라
생성된 아이디어의 부족한 점을 찾아라	생성된 아이디어를 100프로 활용하라
생성된 아이디어로부터 귀납적으로 추론하라	생성된 아이디어로부터 연역적으로 추론하라

〈표 2-1〉에서 살펴본 바와 같이 글쓰기 과정의 내용 생성하기는 발산적 사고와 수렴적 사고가 연속적으로 상호작용하는 인지 과정으로 이해할 수 있다. 발산적 사고는 가능한 한 다양한 아이디어를 생성하고 사고

의 폭을 넓히는 데 초점을 맞추며, 수렴적 사고는 생성된 아이디어를 분석하고 평가하여 핵심적인 내용을 도출하고 조직화하는 데 중점을 둔다(김영철 외, 2012: 168-169). 이처럼 내용 생성은 창의성과 논리성이 통합적으로 요구되는 사고 활동으로 발산과 수렴이라는 두 인지적 사고 흐름을 유기적으로 포함한다. 원진숙(1995)은 이러한 사고 과정을 아이디어 생산 단계로 명명하고 글쓰기의 준비 단계에서 과제 분석, 목표 설정, 글감 탐색 등의 활동이 포함된다고 보았다. 이 과정에서는 초점 맞추기 전략, 지식 기반 활성화 전략, 정교화 전략 등 다양한 전략이 활용되어 학습자의 창의적 사고를 유도한다. 김중신(2011: 13-20)은 발산적 사고를 통해 생성된 어휘를 어휘 의미망 분석에 적용하여 주제어 중심의 유사 및 비유사 어휘를 구분하고 이를 토대로 텍스트를 구성하는 과정을 제시하였다. 이는 발산적 사고가 창의적인 표현과 어휘 구성에 실질적으로 기여함을 보여 주며 학습자의 개별 특성에 따라 다양한 결과가 도출될 수 있음을 시사한다.

반면, 수렴적 사고는 발산적으로 생성된 아이디어를 논리적으로 조직하는 데 중점을 두며 글의 구성력과 표현력을 강화하는 기능을 수행한다. 김장수(1997: 33-45)는 아이디어 조직하기를 사고 내용을 일정한 체계에 따라 분류·배열하는 과정으로 정의하였으며 이를 통해 독자와의 효과적인 의사소통과 논리적 글 구성이 가능해진다고 설명하였다. 개요 짜기, 유목화, 의미 맵, 마인드맵 등의 전략은 수렴적 사고를 지원하는 대표적 기법으로 활용된다. 따라서 내용 생성하기는 아이디어를 확산하고 정제해 나가는 통합적 사고 활동이며 글쓰기에서 창의성과 논리성을 동시에 구축하는 핵심 요소로 작용한다.

그러나 이론적 정립과 달리 실제 글쓰기 상황에서는 학습자들이 내용 생성 단계에서 다양한 어려움을 경험하고 있다. 최현섭 외(2000: 61)는 많은 학습자들이 형식적 제약 없이 자유롭게 글을 쓰고자 하지만 글의 소재를 찾거나 아이디어를 전개하는 데에서 혼란을 겪는다고 보고하였다. Bereiter & Scardamalia(1987) 또한 학습자들이 글쓰기 과정에서 가장 큰 장애물로 적절한 내용 탐색과 지식 조직에 따르는 인지적 부담을 지적하였으며, 이는 특히 익숙하지 않은 주제에 직면했을 때 더욱 두드러지게 나타난다(조은수, 1997). 이러한 어려움을 완화하기 위한 방안으로 최근 주목받는 것이 AI의 활용이다. AI는 브레인스토밍, 연상어 제공, 배경지식 탐색 등을 통해 발산적 사고를 자극할 수 있으며 핵심어 정리, 개요 작성, 아이디어 조직 등의 기능을 통해 수렴적 사고를 보조할 수 있다. 이로써 AI는 학습자의 사고 흐름을 촉진하고 인지적 부담을 경감하며 전략적 글쓰기 능력의 향상에 기여할 수 있는 교육적 가능성을 지닌다. 임성규 외(2004)는 발산적 사고와 수렴적 사고의 구분에 기초하여 내용 생성 전략을 체계적으로 유형화하고 이에 따른 대표 전략과 사례를 제시한 바 있다.

<표 2-2> 발산·수렴에 따른 전략 분류 및 대표 사례
(임성규 외, 2004: 199, 재구성)

사고유형	전략유형	대표 전략 예시	주요기능
발산	태도 강화 전략	자유 쓰기, 사고 구술	정서적 장벽 완화 창의적 표현 유도
	사고력 신장 전략	고정관념 깨기 다양한 해결책 탐색	독창적 관점 도출 사고 유연화
	쓸거리 찾기 전략	마인드맵, 상상하기 브레인스토밍	아이디어 다양화 및 글감 탐색
수렴	이해 능력 신장 전략	사실 비판하기, 독자 설정	글쓰기 목적 구조 명료화
	주제 잡기 전략	질문하기, 관계 짓기 나누기	핵심 주제 정리 및 조직화
	정교화 전략	개요 작성, 유목화 의미 맵	논리적 구성과 조직력 강화

〈표 2-2〉에서 제시한 바와 같이, 발산적 전략에는 자유 쓰기, 사고 구술 등 정서적 장벽을 완화하고 창의적 표현을 유도하는 태도 강화 전략, 고정관념을 탈피하여 다양한 해결책을 탐색하는 사고력 신장 전략, 마인드맵, 브레인스토밍, 상상하기 등을 활용한 쓸거리 찾기 전략이 포함된다. 반면, 수렴적 전략에는 질문하기와 주제 설정을 통해 사고의 방향을 좁혀 가는 이해력 신장 전략, 핵심 주제를 명확히 구조화하는 주제 잡기 전략, 개요 작성, 유목화, 의미 맵 구성 등을 활용해 글의 논리적 구조를 강화하는 정교화 전략이 포함된다. 이러한 전략의 구분은 글쓰기 교육에서 학습자의 인지적·정서적 상태를 고려하여 적절한 전략을 유기적으로 선택·적용할 수 있도록 사고의 흐름을 제시한다는 점에서 교육적 의의가 크다. 특히 발산과 수렴 사고는 상호 순환적이고 통합적인 사고 과정으로

작용하기 때문에 두 사고 유형에 기반한 전략을 균형 있게 적용하는 교수·학습 설계가 요구된다. 이와 관련하여 Flower(1993)는 아이디어 생성을 위한 전략으로 브레인스토밍, 독자와의 가상 대화, 논리적 주제 탐색, 휴식을 통한 사고 재구성의 네 가지 방안을 제시하며 발산과 수렴 사고의 균형 있는 활용을 강조하였다(Flower, 원진숙 역, 1998: 228-241).

앞서 논의한 바와 같이 AI의 발전은 글쓰기 교육, 특히 내용 생성 단계에서 발산적·수렴적 사고 전략을 효과적으로 지원할 수 있는 가능성을 보여 준다. 발산적 사고 측면에서 AI는 브레인스토밍, 연상어 생성, 글감 탐색 등을 통해 학습자의 사고를 확장시키며, 수렴적 사고 측면에서는 아이디어 정리, 개요 작성, 핵심 내용 요약 등을 통해 사고의 조직화와 논리적 정교화를 촉진한다. 이처럼 AI는 사고의 생성부터 구조화에 이르는 전 과정을 보조함으로써 학습자의 인지적 부담을 경감시키고 작문 능력 향상에 실질적으로 기여할 수 있다.

이에 본 연구는 자기주도적 AI 쓰기 프로젝트의 효과를 극대화하기 위해 수업을 단계적으로 구성하였다. 구체적으로 2차시는 발산적 사고 중심의 내용 생성 활동, 3차시는 수렴적 사고 중심의 내용 조직 활동으로 설정하였다. 이러한 구분은 학습자가 AI의 지원을 바탕으로 먼저 창의적인 아이디어를 자유롭게 탐색하고(발산), 이후 이를 주제와 목적에 맞게 체계적으로 정리·구조화하여(수렴) 글을 완성해 가는 단계적 사고 전개 경험을 가능하게 하려는 의도적 설계이다. 즉, 학습자는 발산적 사고 단계에서 사고의 폭을 넓히고 창의적 탐색을 경험한 뒤, 수렴적 사고 단계로 자연스럽게 전이되어 논리적 사고와 구성 능력을 함양함으로써 자기주도성과 창의적 사고 역량을 동시에 신장하게 된다. 이러한 설계는 AI의 보조적 기능을 사고 흐름에 따라 통합하여 학습자의 사고 활동을 실질적으로 지원하고자 하는 전략적 교육 접근으로 볼 수 있다.

프로젝트 학습

1) 프로젝트 학습의 개념과 교육적 의의

프로젝트 기반 학습은 학습자가 실제적이고 의미 있는 문제를 해결하는 과정을 통해 능동적으로 학습에 참여하고 협력을 통해 공동의 목표를 성취하도록 하는 교수·학습 방법이다(Blumenfeld et al., 1991; 박민정, 2007; Scherling, 2011). 이때 프로젝트란 학습자가 복합적인 과제를 수행하며 자율적 탐구, 협업, 결과 도출을 경험하는 일련의 과정으로 정의된다. 학습자는 이 과정을 통해 계획 수립, 자료 탐색, 아이디어 구성, 실행, 결과물 제작 등 다양한 고차적 인지활동을 수행하며, 이는 구체적인 산출물로 귀결된다(Blumenfeld et al., 1991). 프로젝트 기반 학습은 구성주의 교육 철학에 기초하여 학습자가 문제를 스스로 설정하고 탐구하는 과정을 통해 학습이 이루어지도록 설계된다(Simkins, 2002). 특히 학습자는 질문 생성, 아이디어 토론, 계획 수립, 실험, 피드백 등을 통해 복합적 사고력과 창의적 문제 해결 능력을 발휘하게 되며, 이는 전통적 강의식 수업 방식보다 높은 수준의 학습 전이를 유도한다. 이는 구성주의 교육 원리에 기반하여 학습자가 주도적으로 문제를 설정하고 해결하는 과정을 통해 학습이 이루어지도록 설계된 교수·학습 방법이다. 학습자는 문제 상황 속에서 스스로 질문을 생성하고 아이디어를 토론하며 계획 수립과 실험 등 복합적인 인지 활동을 수행하게 된다. 또한 자료 수집, 분석, 결론 도출, 동료와의 피드백 및 협력, 최종 결과물 제작에 이르는 전 과정에서 통합적 사고력과 창의적 문제 해결력을 발휘한다(Blumenfeld et al., 1991). 이러한 프로젝트 수행 과정은 학습자의 자기주도 학습 역량을 신장시킬 뿐만 아니라 학습에 대한 흥미와 몰입도를 증진시켜 삶과 배움이 통합되는 총체적 학습 경험을 가능하게 한다. 아울러 자율성, 자기효능감, 의사소통 능력, 협력적 태도 등의 정의적·사회적 역량의 함양에도 기여한다(강인애, 1997). 특히 자기효능감은 프로젝트 학습의 효과성을 설명하는 핵심 심리 변인 중 하나로, 다수의 선행 연구들은 자기효능감이 학업 성취와 유의미한 정적 상관을 가진다는 점을 반복적으로 확인하였다(강명희 외, 2008; Joo, Bong, & Choi, 2000; Pintrich & De Groot, 1990; Schunk & Pajares, 2004). 이는 프로젝트 기반 학습이 학습자의 자발적 탐구와 내적 동기를 기반으로 설계되어야 함을 뒷받침한다.

또한 팀 기반 프로젝트 학습에 참여한 학습자들은 문제 상황을 능동적으로 탐색하고 해결하는 과정에서 개념에 대한 심층적 이해에 도달하며 이는 전통적인 학습 방식보다 더 높은 수준의 학습 전이를 유도한다(이영미, 2013; Collis, 1997; Garrison, 2007). 프로젝트 수행을 통해 형성된 자기주도성과 성취 경험은 학습자의 동기적 기반을 강화하고, 이는 적극적인 참여와 지속적인 탐구로 이어진다(Helle, Tynjala, & Olkinuora, 2006). 강명희 외(2010)의 연구에 따르면 프로젝트 학습 맥락에서 수용성과 자기효능감은 학업 성취를 유의미하게 예측하며 학습자 간 상호작용은 자기효능감과 성취 간의 관계를 매개하는 변수로 작용하였다. Stolk

& Harari(2014) 또한 프로젝트 기반 학습에서 학습자의 동기 수준과 인지 전략 간의 유의한 관계를 밝혀내며 정의적·인지적 요인을 함께 고려한 통합적 접근의 중요성을 강조하였다.

2022 개정 교육과정은 공동체 역량, 의사소통 역량, 자기관리 역량 등을 핵심 역량으로 제시하며 학습자가 협력과 문제 해결을 하고 통해 공동의 목표를 달성할 수 있는 능력 함양을 강조한다(교육부, 2022). 이러한 역량은 프로젝트 기반 학습의 철학과 일치하며 국어과를 포함한 교과 교육에서 그 타당성을 뒷받침한다. 특히 자기효능감이 높은 학습자는 과업 수행에 자신감을 갖고 팀 활동에 적극적으로 참여하며(Eby & Dobbins, 1997) 이는 공동의 목표 달성을 위한 책임감 있는 태도로 이어진다 (Pescosolido, 2003). 이러한 과정은 학습 공동체 내에서 상호작용을 활성화하고 성취 중심의 학습 문화를 조성하는 데 기여한다.

이러한 맥락에서 본고는 프로젝트 기반 학습을 학습자가 실제 문제를 인식하고 이를 해결하기 위해 협력적 탐구와 자발적 활동을 수행하는 구조화된 학습 방식으로 정의한다. 특히 AI 기반 자기주도적 프로젝트 학습에서 프로젝트 수행은 필수 요소이며 그 교육적 타당성은 다음과 같다. 첫째, AI의 활용을 교육적으로 통제함으로써 기술 의존을 줄이고 AI 리터러시와 자기조절 학습 역량을 신장시킬 수 있다. 둘째, AI의 지원 속에서 문제를 정의하고 해결하는 과정을 통해 자기주도성, 비판적 사고력, 창의적 문제 해결력, 협력적 태도 등 핵심 역량을 통합적으로 기를 수 있다. 이는 AI를 활용한 쓰기 교육의 실천 방향과 교육적 지향을 뒷받침하는 효과적인 대안이 될 수 있다.

2) 프로젝트 학습 모형

강인애 외(2011)는 프로젝트 기반 학습을 세 가지 유형으로 분류하였다. 첫째, 프로젝트 과제를 중심으로 수업이 설계되는 형태이다. 둘째, 특정 문제를 중심으로 구성되는 형태이다. 셋째, 교육과정을 기반으로 다양한 교과 영역을 통합하여 운영되는 형태이다. 이들 모형은 모두 학습자가 주체적으로 주제나 문제를 선정하고 이를 중심으로 다양한 활동을 수행하는 자기주도적 학습 방식이라는 점에서 교육적 의의를 지닌다.

〈표 2-3〉 일반적인 프로젝트 기반 학습의 절차(강인애, 2011; 115)

단계	세부활동
준비하기	- 준비하기 - 프로젝트 학습에 대해 사전 안내 - 관련 교과 및 활용 매체(학습도구, 웹 도구 등) 선정하기 - 수업 틀 제작 및 기간 정하기
주제정하기	- 대주제 정하기 - 교사의 안내를 따라 학생이 프로젝트 소주제 선정하기 - 주제 살펴보기 - 교과와의 관련성 생각하기
계획하기	- 팀 짜기 - 역할 분담 및 팀 규칙정하기 - 학습자 탐구계획 정하기 - 탐구 기간 및 산출물 종류 결정하기 - 프로젝트 시수 확보하기
수행하기	- 교과서 및 교과의 내용 이용하기 - 주제와 관련된 자료 조사하기 - 팀원끼리 토의·토론하기 - 견학, 관찰, 실험, 조사 등 탐구하기 - 관련 자료, 조사 자료 공유 및 토의·토론하기
산출물 제작 및 발표하기	- 탐구한 내용을 바탕으로 산출물 제작하기 - 전시하기, 발표하기, 건의하기, 웹 출판하기, 실천하기 등 - 산출물 발표하기
평가하기	- 발표한 산출물을 상호평가 및 개인 평가하기 - 성찰 일지 작성 및 역할 반성하기 - 포트폴리오화하기

〈표 2-3〉에서 제시한 바와 같이 프로젝트 기반 학습의 핵심 원칙은 교사가 대주제를 제시하되 소주제나 구체적인 내용 구성은 학습자에게 위

임하여 계획 및 실행의 전 과정에서 학습자의 자율성을 보장하는 데 있다. 학습 효과를 극대화하기 위해서는 최종 산출물의 방향 설정과 활동 수행 시 유의사항에 대해 교사와 학습자 간의 지속적이고 유기적인 소통이 필수적이다. 본 연구에서는 강인애, 정준환, 서봉현, 정득년(2011)이 제안한 프로젝트 기반 학습 절차를 기본 구조로 채택하였다. 이 절차는 AI를 활용한 자기주도적 프로젝트 학습의 취지와도 부합하며 본 연구의 수업 설계에 이론적·실천적 정합성을 제공하는 근거가 된다.

3. 자기주도적 AI 쓰기 프로젝트 교수학습의 설계

교수학습 설계의 방향

본 연구는 자기주도적 AI 쓰기 프로젝트 교수·학습 모형이 학습자의 자기결정성 동기와 창의적 자기효능감에 미치는 영향을 고찰하고자 다음의 이론적 기반 위에서 설계되었다. 첫째, 2022 개정 교육과정은 디지털 전환, 기후 위기, 인구구조 변화 등 복잡한 미래 사회에 대응할 수 있는 핵심 역량 함양을 목표로 한다(교육부, 2022). 이 교육과정은 학습자의 자율성과 창의성을 강조하며 실제 맥락에서 문제를 발견하고 해결하는 능력의 신장을 지향한다. 이를 위해 핵심 개념 중심의 이해, 능동적 참여, 문제해결 중심의 수업과 평가가 강조된다. 특히 국어과에서는 자기성찰·계발 역량, 비판적·창의적 사고 역량, 디지털·미디어 역량 등을 통해 학습자의 통합적 언어 사용 능력을 함양하는 데 중점을 둔다. 이러한 관점에서 자기주도적 AI 쓰기 프로젝트는 교육과정의 방향성과 정합성을 지닌다. 둘째, 글쓰기 과정 중 내용 생성하기는 글감 탐색뿐만 아니라 사고와 감정을 환기·구체화하여 글의 중심 내용을 형성하는 핵심 인지 활동이다(이재승, 2002; 박수자, 2002). 이는 문자 표현 이전의 사고, 정서, 배경지식 활성화, 아이디어 도출을 포함하는 광범위한 활동으로 글쓰기의 성패를 좌우하는 요소로 간주된다(Murray, 1982; 조은수, 1997). 학자들은 이를 아이디어 발견과 조직으로 세분화하거나(박영목, 1987; 원진숙, 1995) Flower & Hayes(1981)가 제시한 계획하기의 하위 구성 요소로 설명하기도 하였다. 특히 내용 생성은 글의 목적 설정, 독자 고려, 주제 구체화, 글감 탐색 등의 활동이 유기적으로 연결되는 구성적 과정으로 체계적인 지도와 전략적 지원이 필요하다. 셋째, 내용 생성은 발산적 사고와 수렴적 사고의 통합적 작용으로 구성된다. 발산적 사고는 사고의 폭을 확장하고 다양한 아이디어를 생성하는 과정으로 브레인스토밍, 마인드맵, 자유 쓰기 등의 전략이 활용된다(김중신, 2011; 임성규, 2004). 반면, 수렴적 사고는 아이디어를 논리적으로 조직·정교화하는 과정으로 개요 작성, 주제 정리, 유목화 등의 전략을 통해 사고의 일관성과 명확성을 확보한다(김장수, 1997). 두 사고는 선형적으로 구분되지 않고 반복·순환되므로 글쓰기 지도는 이를 유연하게 반영하여 사고 흐름에 적합한 전략과 도구를 제공할 필요가 있다. 넷째, AI는 발산적·수렴적 사고를 모두 지원할 수 있는 교육적 도구로 활용될 수 있다. AI는 주제에 대한 다양한 관점 제시, 연상어 생성, 배경지식 탐색, 개요 작성 등을 통해 발산적 사고를 촉진하며, 핵심어 분류, 논리 흐름 정리, 문단 구성 등의 기능을 통해 수렴적 사고의 정교화를 지원한다. 특히 미숙한 작문 학습자에게 AI는 사고 자극과 피드백을 즉각 제공함으로써 인지적 부담을 완화하고 자기주도적 사고를 유도하는 매개로 작용한다. 나아가 질문에 따른 반응적 제시와 예시 제공은 비판적 사고를 촉진하며 이는 학습자의 창의적 자기효능감과 자기결정성 동기 향상에 긍정적으로 기여할 수 있다.

이러한 이론적 배경에 기반하여 본 연구는 AI 기술의 교육적 가능성을 활용해 자기주도적 글쓰기 환경을 조성하고 발산·수렴 사고 구조에 따른 단계적 사고 흐름을 교수·학습 설계에 반영하고자 하였다. 특히 내용 생성하기 단계에서 AI를 부분적이고 제한적으로 활용함으로써 과도한 의존을 방지하면서도 학습자의 사고를 촉진하고 지원하는 전략적 보조 도구로 기능하도록 하였다. 이에 따라 2차시는 발산적 사고 중심의 아이디어 탐색 단계, 3차시는 수렴적 사고 중심의 아이디어 정리 및 구조화 단계로 구성되었다. 이러한 차시 구분은 사고의 흐름에 따른 전략적 구조화로 학습자가 AI의 지원을 바탕으로 창의적으로 아이디어를 생성하고(발산), 이후 이를 주제와 목적에 부합하게 정리·조직화하여 글로 구체화하는 과정(수렴)을 자기주도적으로 수행할 수 있도록 설계되었다. 나아가 이러한 교육적 설계를 통해 AI의 보조적 활용을 경험하면서도 학습자의 자율성과 창의성이 발현될 수 있는 교육 환경을 마련하고 그 결과 자기결정성 동기와 창의적 자기효능감이 어떻게 증진되는지를 실증적으로 검증하는 것을 본 연구의 주요 목적으로 설정하였다. 앞서 살펴본 교수·학습 목표는 [그림 2-2]에 정리하였다.

[그림 2-2] 자기주도적 AI 쓰기 프로젝트 교수·학습 목표

자기주도학습 원리
- 자기조절(Self-Direction)
- 자기 동기화(Self-Motivation)
- 자기 평가(Self-Assessment)
- 문제 해결 능력 (Problem-Solving Skills)

프로젝트 수업 원리
- 학습 동기 향상
- 실제 문제 해결 능력
- 협업 및 의사소통 능력
- 창의적 사고

AI 활용 쓰기 수업 원리
- AI 도구 활용
- 창의적 글쓰기 지원
- AI 기반 피드백 시스템
- 개인 맞춤형 학습

▼

쓰기 교육의 목적
- 자신의 생각과 감정을 명확하고 논리적으로 표현하는 능력을 기름. 이는 다양한 상황에서 효과적인 의사소통을 가능하게 함.
- 다양한 관점을 분석하고 평가함으로써 비판적 사고능력을 향상시킴. 이는 문제 해결 능력과 창의적 사고를 촉진함.
- 자신의 생각과 감정을 자유롭게 표현할 수 있는 능력을 기름.
- 계획적으로 글을 작성하고 피드백을 받아 수정하는 과정을 통해 자기주도 학습 능력을 강화함.
- 다른 사람들과의 의견 교환과 협력을 촉진함. 이는 팀워크와 협력적 문제 해결 능력을 배양하는 데 도움이 됨.

AI 쓰기 교육의 목적
- AI는 학생 개개인의 수준과 필요에 맞춘 맞춤형 학습자료와 피드백을 제공하여 각자의 속도와 능력에 맞는 학습을 지원함.
- AI는 실시간으로 피드백을 제공하여 학생들이 자신의 오류를 즉각적으로 인식하고 수정함. AI는 다양한 아이디어와 글의 전개 방식을 제안하여 학생들의 창의적 사고를 촉진함.
  - AI는 자율적으로 학습 계획을 세우고 피드백을 제공하여 스스로 글을 수정하는 자기주도 학습 능력을 강화함
  - AI가 제공하는 피드백을 분석하고 평가하는 과정에서 학생들은 비판적 사고 능력을 배양함.
  - AI는 다양한 글쓰기 과제를 제시함으로써 다양한 글쓰기 스타일과 형식을 경험함.

▼

자기주도적 AI 쓰기 프로젝트 교수·학습교육의 목적

학습자가 AI 기술을 활용하여 글쓰기 능력을 향상시키고, 민주시민으로서 의사소통에 적극적으로 참여하여 개인과 공동체의 문제를 해결하는 데 목적을 둔다. 이를 통해 민주시민으로서 적극적으로 의사소통하며 창의적이고 자기주도적인 학습 태도를 기르게 된다.

교수학습 설계의 실제

자기주도적 AI 쓰기 프로젝트 교수·학습 모형은 앞서 제시한 교육 철학과 이론적 기반에 따라 체계적으로 설계되었다. 박영민(2008: 70)은 쓰기 모형을 통합인지 관점에서 재구성할 경우 기존에 간과되었던 정서, 감정, 흥미, 가치 등 정의적 요인의 기능과 중요성을 포괄할 수 있다고 강조하였다. Bruning & Horn(2000) 역시 통합인지 기반 쓰기 모형의 수용을 통해 쓰기 교육의 새로운 관점을 정립하고 기존 교육의 한계를 효과적으로 보완할 수 있음을 제안하였다.

본 연구는 이러한 관점에 따라 박영민(2008: 67)이 제시한 통합인지 기반 쓰기 모형을 교수·학습 설계의 이론적 준거로 삼았으며 해당 모형은 [그림 2-3]에 제시하였다.

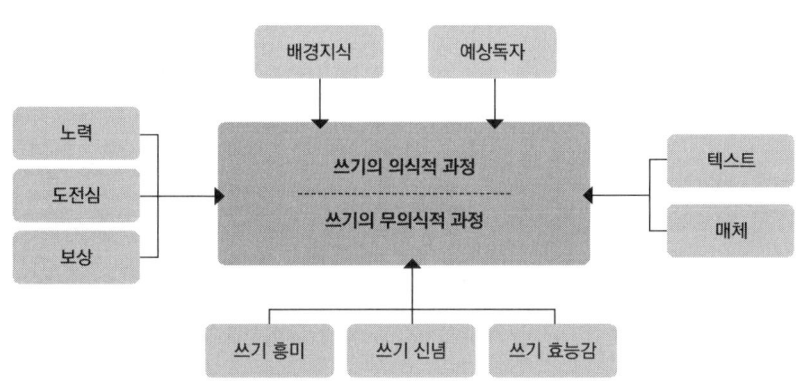

[그림 2-3] 통합인지 기반의 쓰기 모형

[그림 2-3]은 쓰기 과정에서 인지적 요인과 정의적 요인을 통합적으로

설명하며 의식적·무의식적 과정 간의 상호작용을 중시한다. 이 모형에 따르면 쓰기는 흥미, 신념, 효능감 등 정의적 요인의 영향을 받으며 이러한 요인들은 학습자의 동기와 태도 형성에 결정적인 역할을 한다. 또한 배경지식과 예상 독자와 같은 외적 요인은 텍스트 생성 과정에서 고려되어야 하며 이는 쓰기 결과물의 질과 방향에 중요한 영향을 미친다. 쓰기 활동은 노력, 도전감, 보상 등의 동기적 요인에 의해 강화되며 최종 산출물은 다양한 매체를 통해 독자에게 전달된다. 이 모형은 쓰기 활동이 인지적 활동에 그치지 않고 정의적·동기적 요인이 복합적으로 작용하는 과정으로 규정함으로써 쓰기 교육의 대안적 접근으로서의 의의를 갖는다.

본 연구와 박영민(2008)의 통합인지 기반 쓰기 모형은 정의적 요인의 강조, 자기주도적 쓰기 구현, 쓰기 교육의 보완이라는 세 측면에서 긴밀한 접점을 형성한다. 첫째, 본 연구의 핵심인 자기결정성 동기와 창의적 자기효능감은 정서, 감정, 흥미 등 정의적 요인을 중시하는 통합인지 모형의 틀과 일치한다. 둘째, 본 연구는 AI 기술을 활용하여 학습자가 자기주도적으로 쓰기 과정을 설계·수행하도록 지원하며 이는 의식적·무의식적 과정을 통합적으로 고려하는 통합인지 모형의 특징과 부합한다. 셋째, 두 접근은 기존 쓰기 교육의 한계를 극복하고 새로운 가능성을 모색한다는 공통된 목표를 지닌다. 본 연구는 AI의 교육적 활용을 통해 쓰기 교육을 기술적·실천적으로 확장하고자 하며 이는 통합인지 모형의 이론적 틀을 실제 교수학습 설계에 접목한 시도로 볼 수 있다.

이러한 이론적 연계를 바탕으로 자기주도적 AI 쓰기 프로젝트 수업은 학습자의 자기결정성 동기를 촉진하는 방향으로 설계되었다. 학습자는 목표 설정, 주제 선정, 자료 탐색과 분석, 결과물 작성, 피드백 반영에 이르기까지 전 과정을 자율적으로 수행하며 학습의 주체로서 자기주도성을 발휘한다. 이 과정에서 AI는 내용 생성하기 단계에서 부분적·제한적으로 활용되며 창의적 사고 촉진과 문제 해결력 향상에 기여하는 보조 도구로 기능한다. 특히 AI는 발산·수렴 사고 중심의 내용 생성 활동을 지원하여 인지적 부담을 줄이고 사고의 폭과 깊이를 확장시킨다. 학습자는 이를 통해 창의적 자기효능감을 강화하고 AI를 사고 촉진 자원으로 활용하는 전략을 익히게 된다. 나아가 본 연구는 2022 개정 국어과 교육과정의 성취기준과 AI의 활용 가능성에 기반하여 맥락성과 실제성을 반영한 글쓰기 교육의 중요성을 강조한다. 이는 글쓰기 과정을 창조적 의미 구성의 인지·정서·사회적 활동으로 재정의하며 학습자의 사회문화적 배경과 개인적 경험이 반영된 주제 선택으로 연결된다. 특히 팀 기반 프로젝트 학습은 민주적이고 협력적인 문제 해결 과정을 통해 학습자에게 실천적이고 의미 있는 글쓰기 경험을 제공한다. 이러한 교수학습 방식은 비판적 사고력, 창의성, 문제 해결 능력 등 핵심 역량을 통합적으로 심화시키며 종합적 글쓰기 능력의 향상에 기여한다.

  2022 개정 국어과 교육과정은 핵심 아이디어를 각 영역에서 학습자가 도달해야 할 본질적 이해와 역량을 요약한 개념으로 정의하고 있으며 쓰기 영역의 핵심 아이디어는 〈표 2-4〉에 제시되어 있다(교육부, 2022: 4).

〈표 2-4〉 2022 개정 국어과 교육과정 쓰기 영역의 핵심 아이디어

1	쓰기는 언어를 비롯한 다양한 기호나 매체를 활용하여 인간의 생각과 감정을 글로 표현함으로써 의미를 구성하는 행위이다.
2	필자는 상황 맥락 및 사회·문화적 맥락 속에서 자신의 의사소통 목적을 달성하기 위하여 다양한 유형의 글을 쓴다.
3	필자는 쓰기 과정에서 부딪히는 문제를 해결하기 위하여 적절한 쓰기 전략을 사용하여 글을 쓴다.
4	필자는 쓰기 경험을 통해 언어 공동체의 구성원으로 성장하고, 쓰기 윤리를 갖추어 독자와 소통함으로써 바람직한 의사소통 문화를 만들어 간다.

2022 개정 국어과 교육과정의 쓰기 영역 성취기준은 세 가지 원리를 기반으로 개발되었다(노은희 외, 2022b: 178-179). 첫째, 언어를 포함한 다양한 기호와 매체를 활용하여 의미를 구성하는 전 과정에서 요구되는 쓰기 지식, 기능, 태도를 학습 내용으로 설정하였다. 둘째, 필자의 목적에 따라 다양한 유형의 글을 작성하는 데 필요한 역량을 반영하였다. 셋째, 글쓰기 경험을 통해 학습자가 언어 공동체의 일원으로 성장할 수 있도록 학습 내용을 구성하였다. 특히 2022 개정 국어과 교육과정에서 신설된 성취기준은 이러한 원리를 충실히 반영하며 쓰기 교육의 목표와 내용을 보다 체계적이고 통합적으로 구현하고 있다. 이는 쓰기 학습이 의미 구성, 실천적 활용, 사회적 역할 수행을 포함하는 통합적 학습 과정임을 명확히 한다. 확인할 수 있다. 아울러 2022 개정 교육과정은 쓰기를 문제 해결 중심의 사고 활동이자 사회·문화적 실천 행위로 규정하며 학습자가 필자로서 주체적으로 성장할 수 있도록 교육 방향을 설정하고 있다(노은희 외, 2022a: 98-99).

〈표 2-4〉에 제시된 바와 같이 2022 개정 국어과 교육과정의 쓰기 영역은 필자의 능동적 역할 수행, 사회적 맥락의 이해, 공동체 내 효과적인 의사소통 기여를 종합적으로 반영하고 있다. 이는 쓰기 교육의 다층적 접근을 강화하여 학습자가 다양한 사회문화적 상황에서 주체적으로 의미를 구성할 수 있는 종합적 쓰기 역량을 함양하도록 하는 데 목적이 있다. 이에 본 연구는 〈표 2-5〉에 제시된 2022 개정 교육과정의 성취기준을 바탕으로 자기주도적 AI 쓰기 프로젝트 교수·학습 내용을 체계적으로 설계하고자 한다. 본 연구는 쓰기를 필자가 사회적 존재로서 타자와의 관계 속에서 정체성과 의미를 구성해 나가는 역동적 과정으로 이해한다. 이러한 관점은 자기주도성과 사회적 상호작용을 중시하는 2022 개정 교육과정의 지향과도 부합하며 AI를 도구로 활용한 프로젝트형 쓰기 수업을 통해 실질적으로 구현될 수 있다. 또한 본 연구는 학습자의 자율성과 창의성을 신장시키는 방향으로 AI를 쓰기 교육에 통합하고, 이를 통해 교육과정의 핵심 목표인 주체적 의미 구성과 공동체적 소통 역량 함양을 실천적으로 구현하고자 한다.

<표 2-5> 2022 개정 교육과정 쓰기 성취기준

[10공국1-03-01]	내용 전개의 일반적 원리를 고려하여 사회적 쟁점에 대한 자신의 견해를 정교하게 표현하는 글을 쓴다.
[10공국1-03-02]	다양한 언어 공동체의 특성을 고려하며 필자의 개성이 드러나는 글을 쓴다.
[10공국2-03-01]	언어 공동체가 공유하는 작문 관습의 특성을 이해하고 쓰기 과정과 전략을 점검하며 책임감 있게 글을 쓴다.
[10공국2-03-02]	논증 요소에 따른 분석을 바탕으로 효과적으로 내용을 조직하여 논증하는 글을 쓴다.
[10공국2-03-03]	신뢰할 수 있는 정보를 종합하여 복합양식 자료가 포함된 공동 보고서를 쓴다.

<표 2-5>의 성취기준은 학습자가 상황과 사회·문화적 맥락을 고려하여 특정 유형의 글을 작성하도록 제시함으로써 쓰기 수행의 실제성과 사회적 맥락 반영을 동시에 추구하고 있다(서수현, 2023: 356). 예를 들어 [10공국1-03-01] 성취기준은 사회적 쟁점에 대한 자신의 견해를 논리적으로 구성하고 표현하는 역량을 요구하며 학습자는 일상 속 실제 문제를 주제로 삼아 찬성자, 반대자 또는 제3의 독자 등 다양한 수용자에 맞는 설득 전략을 구사해야 한다. 또한 지역 사회와 관련된 주제를 활용할 경우 글쓰기를 통해 공동체 문제를 민주적으로 해결하는 경험을 하게 되며 이는 교육과정이 강조하는 시민적 참여 역량과도 연결된다(원진숙, 2019: 216). 이러한 접근은 학습자의 참여적 글쓰기 경험을 강화하는 효과적인 전략으로 박인기(2014)는 미래의 글쓰기 교육이 인지주의적 전략 중심에서 벗어나 사회·문화·소통적 맥락에서 의미를 구성하고 교섭하

는 방향으로 전환되어야 함을 강조하였다. 그는 교실 내 글쓰기가 현실과 단절된 전략 중심 활동에 머무르는 한계를 지적하며 학생의 삶과 연결된 실제적 맥락을 반영한 글쓰기 교육의 필요성을 제기하였다. 즉, 삶과 연계된 글쓰기는 외부 자극을 학습자의 정체성과 경험을 통해 재구성하는 창조적 의미 구성 과정이며 이는 필자의 사회문화적 관계와 정체성 형성을 포함하는 고차원적 사고 활동이다. 이러한 관점에서 본 연구는 학습자가 자신의 삶과 공동체의 문제를 인식하고, 이를 민주적·창의적인 방식으로 해결해 나가는 경험을 중심에 두고 자기주도적 AI 쓰기 프로젝트를 설계하였다. 문제 해결을 통한 공동체적 성장을 핵심 개념으로 설정하고 학습자의 실생활과 밀접하게 연관된 사회문화적 쟁점을 중심 주제로 구성하여 글쓰기를 현실 탐구와 실천의 도구로 기능하게 하였다. 특히 팀 기반 프로젝트 학습을 적용함으로써 학습자는 자율적으로 문제를 정의하고 협력적 소통 및 집단 의사결정을 통해 창의적인 해결 방안을 탐색할 수 있도록 설계하였다. 이러한 교수·학습 구조는 AI를 비판적 사고와 정보 통합을 지원하는 도구로 활용함으로써 디지털 리터러시를 신장시키는 동시에 타인과 협력하며 사회적 책임을 실천하는 민주시민 역량을 함양하는 데 교육적 의의가 있다.

[그림 2-4] 자기주도적 AI 쓰기 프로젝트 수업 구현

프로젝트 단계	1차시 프로젝트 준비	2차시 주제 선정 및 문제 분석	3차시 실행 및 개발	4차시 탐구 및 결과물 제작	5차시 발표 및 평가	6차시 피드백 반영 및 개선	7차시 기록 및 공유
쓰기 단계	계획하기	주제 선정하기	아이디어 조직하기	탐구 및 표현하기	발표 및 평가하기	고쳐쓰기	실천하기
주제	AI 도구를 활용한 팀 빌딩 및 계획하기	팀별 쓰기 프로젝트 주제 선정하기 (발산적 사고)	팀별 쓰기 프로젝트 문제해결을 위한 아이디어 개발 (수렴적 사고)	팀별 쓰기 프로젝트 문제해결을 위한 초고 쓰기	팀별 쓰기 프로젝트 결과물 발표 및 평가하기	팀별 쓰기 프로젝트 결과물 고쳐 쓰기 (피드백 반영)	팀별 쓰기 프로젝트 최종 결과물 실천하기
AI 활용 A	○	×	×	×	○	×	○
AI 활용 B	○	○	×	×	○	×	○
AI 활용 C	○	×	○	×	○	×	○
AI 활용 D	○	○	○	×	○	×	○

[그림 2-4]는 자기주도적 AI 쓰기 프로젝트 학습의 각 단계별 실행 내용과 교수·학습 전략을 제시한다. 본 프로젝트는 총 7단계로 구성되었다. 각 단계에서는 AI 활용 여부에 따라 수업의 형태와 기능을 달리 설계하였다. 특히 본 연구는 쓰기 과정 중 핵심적인 내용 생성 단계(2~3단계)에서 AI 활용이 학습 성과에 미치는 영향을 실증적으로 검토하고자 하였다. AI를 활용한 단계는 1단계, 5단계, 7단계이며, AI를 활용하지 않은 단계는 4단계와 6단계로 구분하였다. 이 중 4단계와 6단계는 모든 집단에서 AI를 배제하도록 설계하였으며, 이는 학습자가 생성된 아이디어를 바탕으로 스스로 텍스트를 구성하고 수정하는 과정을 통해 자기주도적 사고와 글쓰기 역량을 온전히 발휘하도록 유도하기 위함이다. 이러한 과정은 학습자의 논리적 구성력과 표현력, 성찰적 사고 능력을 직접적으로 확인할 수 있는 핵심 평가 지점으로 기능한다. 이처럼 단계별 AI 활용을 제한

적으로 설계한 것은 AI를 전면적으로 도입하기보다 학습자의 사고 확장과 정교화를 지원하는 전략적 도구로서 AI를 활용하고자 한 교육적 판단에 따른 것이다. 따라서 본 연구는 내용 생성 단계에서의 AI 활용 여부에 따른 자기결정성 동기와 창의적 자기효능감의 변화를 분석하고, 자기주도적 AI 쓰기 프로젝트 학습이 학습자의 자기주도성과 고차 사고 역량에 미치는 교육적 효과를 실증적으로 규명하고자 한다.

[그림 2-4]의 1차시는 AI 도구를 활용한 팀 빌딩 및 계획하기를 주제로 하며 이는 프로젝트 단계에서는 프로젝트 준비, 쓰기 단계에서는 계획하기에 해당한다. 이 단계에서는 학습자들은 AI 도구를 활용하여 팀 이름, 엠블럼, 목표 및 특성, 정체성 등을 설정하고 이를 바탕으로 팀 빌딩 결과물(AI 기반 엠블럼 및 설명 텍스트)을 생성하는 활동을 수행한다. 이러한 활동은 AI를 협력적·창의적 사고 촉진의 도구로 활용할 기회를 제공하며 프로젝트 초기 단계에서 학습 목표를 명확히 설정하고 팀 정체성을 확립하는 데 기여한다. 또한 AI를 활용한 정보 수집 및 조직화 과정은 시각적·텍스트적 결과물의 질을 향상시켜 학습자의 몰입도와 성취감을 높이는 효과를 지닌다.

2차시는 팀별 쓰기 프로젝트 주제 선정하기를 주제로 하며 이는 프로젝트 단계의 주제 선정 및 문제 분석, 쓰기 단계의 주제 선정하기에 해당한다. 이 차시는 발산적 사고를 촉진하는 핵심 단계로 학습자들은 다양한 방향에서 사고를 확장하고 가능한 한 많은 아이디어를 생성하는 데 중점을 둔다. 학습자들은 AI를 활용하여 주제 관련 배경지식, 사회적 맥락, 사례 등을 탐색하고 연관된 개념들을 폭넓게 조망하는 활동을 수행한다. 이 과정에서 AI는 관련 자료 제공, 연상어 생성, 아이디어 확산 지원을 통해 사고의 폭을 넓히는 도구로 기능하며 학습자들은 이질적이거나 참신한 아이디어를 자유롭게 도출할 수 있는 환경에서 창의적 사고를 적극적으로 발휘하게 된다. 생성된 아이디어는 팀원들과의 협의를 통해 비판적 논의와 협력적 의사 결정을 거치며 이 과정은 아이디어의 다양성과 타당성에 대한 성찰을 유도하고 협업 역량을 신장시키는 데 기여한다. 아울러 주제의 적합성과 실현 가능성을 객관적으로 검토하고 프로젝트의 구체적인 방향을 설정하는 이 단계는 학습자의 자기주도적 문제 탐색 능력과 초기 아이디어 생성 역량을 동시에 강화하는 교육적 의의를 지닌다.

3차시는 팀별 쓰기 프로젝트 문제 해결을 위한 아이디어 개발을 주제로 하며 프로젝트 단계에서는 실행 및 개발, 쓰기 단계에서는 아이디어 조직하기에 해당한다. 이 단계는 수렴적 사고 중심의 내용 생성 활동으로 앞서 발산적으로 도출된 다양한 아이디어를 분석·평가하고 이를 논리적으로 구조화된 해결책으로 정제하는 과정이다. 학습자들은 AI를 활용하여 문제의 원인과 맥락을 다각도로 탐색하고 이를 바탕으로 실현 가능한 해결 방안을 도출한다. 이때 AI는 관련 정보 수집, 분석, 시각화 및 대안 제시를 통해 학습자의 창의적·비판적 사고를 촉진하고 아이디어의 조직화 및 표현 과정을 지원함으로써 협력적 문제 해결 능력과 고차 사고력 향상에 기여한다. 수렴적 사고는 목적과 주제에 부합하는 아이디어를 선별·분류하고 계층적으로 조직화하는 사고 흐름을 필요로 한다. 따라서 이 단계는 학습자의 논리성, 객관성, 비판적 사고력 등을 강화하는 동시에 학습자는 실제 적용 가능한 해결 방안을 구조적으로 설계함으로써 글쓰기의 설계도에 해당하는 구상 능력을 함양하게 된다. 또한 팀원들과의 협업을 통해 아이디어의 타당성을 검토하고 다양한 관점을 통합하는 과정은 협력적 문제 해결 역량과 고차 사고 기술을 함께 심화시키는 데 기여한다. 결과적으로 3차시는 다양한 사고를 의미 있고 논리적인 구성으로 전환하는 수렴적 사고의 핵심 단계로 기능하며 본격적인 글쓰기를 위한 기초 기반을 마련하는 중요한 학습 단계라 할 수 있다.

4차시는 팀별 쓰기 프로젝트 문제 해결을 위한 내용 조직 및 초고 쓰기를 주제로 하며 프로젝트 단계에서는 탐구 및 결과물 제작, 쓰기 단계에서는 탐구 및 표현하기에 해당한다. 이 단계는 AI를 활용하지 않고 학습자들이 논리적이고 체계적으로 문제 해결 과정을 구체화하여 초안을 작성하는 데 중점을 둔다. 학습자들은 문제를 다각도로 분석하고 창의적이며 윤리적인 해결책을 도출하기 위해 협력적 의사소통과 비판적 사고를 활용한다. 특히 AI 도구를 배제한 4차시 활동은 학습자의 자율적 사고와 협력적 탐구를 강조함으로써 프로젝트 기반 학습과 쓰기 과정을 유기적으로 통합한다. 이는 AI 의존 없이 학습자가 본인의 사고력과 집단 협업을 통해 글쓰기의 본질적 역량을 발휘하도록 하는 데 교육적 의의가 있다.

5차시는 팀별 쓰기 프로젝트 결과물 발표 및 평가하기를 주제로 하며 학습자들이 완성된 결과물을 명확하고 설득력 있게 발표하는 과정을 통해 프로젝트의 핵심 문제의식을 내면화하는 것을 주요 목표로 한다. 발표는 논리적 근거, 구성, 설득 전략을 활용하여 청중을 설득하는 방식으로 진행되며 이후 동료 피드백과 학습 성찰 활동이 뒤따른다. 이 과정에서 학습자는 자신과 타인의 아이디어를 비판적으로 수용하고 재구성함으로써 고차 사고 능력을 향상시킨다. 특히 피드백은 6차시 고쳐쓰기의 구체적 근거로 활용되며 글쓰기의 순환성과 피드백의 실제적 의미를 체득하는 계기가 된다. 결과적으로 5차시는 학습자가 자신의 사고를 언어로 조직하여 타인과 소통하고 피드백을 반영할 준비를 하는 자기 성찰적 전환점으로 개인과 공동체의 글쓰기 경험이 교차하는 핵심 단계로 기능한다.

6차시는 팀별 쓰기 프로젝트 결과물 고쳐쓰기(피드백 반영)를 주제로 하며 프로젝트 단계에서는 피드백 반영 및 개선, 쓰기 단계에서는 고쳐쓰기에 해당한다. 본 단계는 5차시에서 이루어진 동료 피드백을 기반으로 학습자가 제시된 의견을 비판적으로 수용하고 자율적으로 재구성하여 글의 구조와 내용을 정교화하는 과정으로 구성된다. 특히 AI를 활용하지 않고 학습자 스스로 글을 수정·보완한다는 점에서 교육적으로 중대한 의의를 지닌다. AI의 개입 없이 이루어지는 이 과정은 학습자의 내면적 사고, 비판적 판단, 팀원 간의 협의를 통해 이루어지며 글쓰기의 주체성과 책임감을 실질적으로 체화하는 경험을 제공한다. 학습자는 피드백의 의미를 해석하고 적절히 반영함으로써 표현의 명료성, 논리성, 구성의 완성도를 높이며 이는 고차 사고능력과 협력적 문제 해결 역량을 복합적으로 요구하는 활동이다. 따라서 6차시는 학습자가 AI 없이 인지적 자원과 공동체 역량을 활용하여 결과물을 재구성하는 과정을 통해 자기주도성, 창의적 자기효능감, 협력적 쓰기 역량을 통합적으로 신장하는 핵심적 학습 단계로 기능한다.

7차시는 팀별 쓰기 프로젝트 최종 결과물 실천하기를 주제로 하며 프로젝트 단계와 쓰기 단계 모두에서 실천하기에 해당한다. 본 차시는 학습자가 최종적으로 수정·보완된 결과물을 발표하고, 해당 내용에 기반한 문제 해결 방안을 현실 맥락에서 실천하는 것을 목표로 한다. 특히 이 단계는 2022 개정 국어과 교육과정에서 강조하는 쓰기의 사회적 실천성과 문제 해결 기능을 구현하는 교육적 실천의 장으로 기능한다. 구체적으로는 캠페인 기획, 온라인 게시물 작성, 지역사회 연계 활동 등 현실 적용 가능한 실천 과제를 수행함으로써 학습자는 글쓰기 결과물이 실제 사회에 영향력을 미칠 수 있는 과정을 경험하게 된다. 이러한 활동은 글쓰기를 공동체적 참여와 사회적 책임을 수행하는 실천적 도구로 재인식하게 함으로써 민주시민적 역량과 자기표현력, 공동체 의식을 함양하는 데 교육적 가치를 지닌다. 구체적으로 성취기준 [10공국2-03-03]에서 제시한 신뢰할 수 있는 정보를 종합하여 복합양식 자료가 포함된 공동 보고서를 작성하는 역량과 [10공국1-03-01]의 사회적 쟁점에 대한 자신의 견해를 정교하게 표현하는 글쓰기 역량은 7차시 프로젝트 수행을 통해 통합적으로 실현된다. 본 차시는 학습자가 쓰기 경험을 통해 공동체와의 실질적 연결을 형성하고 언어적 표현을 매개로 사회적 문제 해결에 참여하는 실천적 태도를 내면화하는 데 중점을 둔다. 학습자들은 최종 결과물의 설득력 있는 발표와 더불어 문제 해결 아이디어를 구체적인 실행 전략으로 발전시키고 이를 실제 맥락에 적용함으로써 문제의식을 실천적 행동으로 전환하는 경험을 하게 된다. 이러한 실천 활동은 학습자가 프로젝트 전반에서 탐구한 사회적 문제를 자신의 삶과 공동체의 맥락 속에서 재구성하고 문제 해결자로서의 역할을 수행하도록 유도한다. 이 과정에서 학습자는 자기주도성, 공동체적 책임 의식, 사회적 실천 역량을 함양하게 되며 나아가 결과물의 사회적 가치와 실행 가능성에 대한 비판적 성찰을 통해 학습의 전이가 개인의 성찰과 공동체 참여로 이어지는 교육적 효과를 낳는다. 결과적으로 7차시는 발표력, 실천력, 논리적 문제 해결력, 협업 능력, 자기주도성 등 다양한 역량을 통합적으로 증진시키는 핵심 단계로 기능하며 2022 개정 교육과정이 지향하는 의미 구성과 사회적 실천으로서의 쓰기 역량을 구체화하는 데 중요한 역할을 수행한다.

3부

자기주도적 AI 쓰기 프로젝트의 설계와 실행

- 자기주도적 AI 쓰기 프로젝트 학습의 효과성 연구

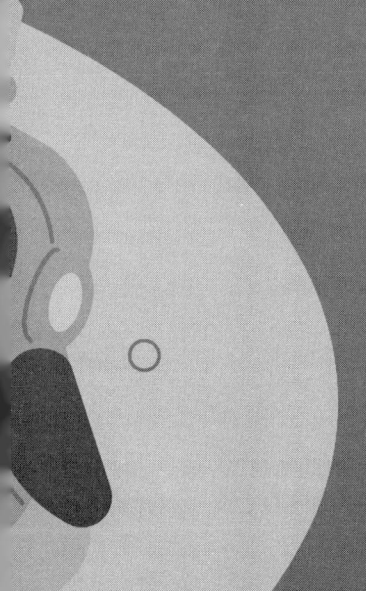

1. 연구의 대상 및 설계

연구 대상

본 연구는 고등학생을 대상으로 한 자기주도적 AI 쓰기 프로젝트 수업에서 내용 생성하기 단계 중 2차시(발산적 사고 중심)와 3차시(수렴적 사고 중심)에서의 AI 활용 시점 및 빈도가 학습자의 자기결정성 동기와 창의적 자기효능감에 미치는 영향을 실증적으로 분석하고자 하였다. 이를 위해 AI의 활용 조건을 달리한 네 집단을 설정하고 정의적 요인과 작문 성취도의 사전·사후 변화를 통해 AI 활용의 효과를 비교·분석하였다.

연구 대상은 서울 소재 S고등학교 2학년 4개 학급의 학생 총 128명으로, 모든 학급에서 자기주도적 AI 쓰기 프로젝트 수업을 적용하여 동일한 수업 체제 아래 실험을 진행하였다. 본 연구에서는 내용 생성하기 단계 중 2차시(발산적 사고 중심)와 3차시(수렴적 사고 중심)에서의 AI 활용 시점 및 빈도가 학습자의 정의적 요인과 작문 성취에 미치는 영향을 실증적으로 분석하고자 하였으며 이를 위해 AI 활용 조건에 따라 A, B, C, D 네 집단을 구성하였다. 집단 A는 내용 생성의 전 과정에서 AI를 전혀 활용하지 않은 미활용 집단, 집단 B는 2차시(발산적 사고 중심)에서만 AI를 활용한 집단, 집단 C는 3차시(수렴적 사고 중심)에서만 AI를 활용한 집단, 집단 D는 2차시와 3차시 모두에서 AI를 활용한 집단으로 설정하였다. 특히 집단 B와 C의 실험 조건은 AI 활용 시점을 중심으로 명확히 구분하였다. 집단 B는 내용 생성의 초기 단계인 발산적 사고 중심의 2차시에서 AI를 활용하여 주제 설정과 아이디어 확장을 지원받고 이후 단계는 AI 없이 글을 자율적으로 발전시키는 방식으로 수업을 수행하였다. 반면, 집단 C는 발산적 사고 중심의 2차시에서는 AI를 활용하지 않고 학습자가 스스로 아이디어를 생성한 후 수렴적 사고 중심의 3차시에서 AI의 도움을 받아 아이디어를 조직하고 정교화하는 활동을 수행하였다. 이를 통해 AI의 활용 시점이 자기결정성 동기, 창의적 자기효능감, 글쓰기 성취도에 미치는 영향을 비교·검증하고자 하였다. 또한 집단 D는 2차시와 3차시 모두에서 AI를 활용하도록 하여 발산과 수렴 사고 단계 전반에 걸친 AI의 반복적 지원이 정서적 요인과 글쓰기 성취에 미치는 누적적 효과를 분석하고자 하였다. 이와 대조적으로 집단 A는 내용 생성의 전 과정을 AI를 전혀 활용하지 않고 자기주도적으로 수행함으로써 AI 활용 집단과의 비교 기준을 제공하였다.

따라서 본 연구는 AI 활용 여부(집단 A vs 집단 B, C, D 비교), AI 활용 시점(집단 B vs 집단 C, D 비교), AI 활용 빈도(집단 D vs 집단 A, B, C 비교)를 중심으로 자기결정성 동기, 창의적 자기효능감, 글쓰기 성취도의 변화를 분석함으로써 자기주도적 AI 쓰기 프로젝트 학습의 효과를 체계적으로 검토하고자 하였다. 이를 위한 실험 집단의 구성은 〈표 3-1〉에 제시되어 있다.

〈표 3-1〉 단계별 AI 활용 여부에 따른 실험 집단의 구성

	집단 A	집단 B	집단 C	집단 D	계
S 고등학교 2학년 남학생	32명	32명	32명	32명	128명

* AI 활용 여부에 따라 집단 A(미활용), 집단 B(2차시 활용), 집단 C(3차시 활용), 집단 D(2+3차시 모두 활용)으로 구분하고 분석하였다.

연구 설계

본 연구는 자기주도적 AI 쓰기 프로젝트 학습이 고등학생의 자기결정성 동기와 창의적 자기효능감에 미치는 영향을 실증적으로 분석하고 AI 기반 학습 방법이 학습 동기와 창의성 향상에 미치는 교육적 가능성을 탐색하는 것을 목표로 한다. 연구 참여자는 서울 소재 S고등학교 2학년 4개 학급의 총 128명으로 구성되었으며 모든 학급에서 동일한 자기주도적 AI 쓰기 프로젝트 학습을 적용하여 수업을 진행하였다. 특히 본 연구에서는 쓰기 과정 중 내용 생성하기 단계에 주목하였으며 이 과정은 2차시(발산적 사고 중심)와 3차시(수렴적 사고 중심)로 구성된다. 연구의 핵심 변수는 이 두 차시에서의 AI 활용 여부로 설정되었으며 AI의 활용 시점과 빈도에 따라 학습자의 정의적 변화 및 작문 성취에 미치는 효과를 비교·

분석하고자 하였다. 연구 절차는 사전·사후 검사를 기반으로 진행되었다. 사전 검사는 실험 개시 직전에, 사후 검사는 프로그램 종료 직후에 각각 동일한 도구를 사용하여 실시하였으며 이를 통해 AI 활용 조건에 따른 학습자의 변화 양상을 정량적으로 분석하였다.

〈표 3-2〉 자기주도적 AI 쓰기 프로젝트 학습(AI 활용 변인) 설계 모형

| 집단 | 변수 | 사전 검사 | 1단계 | 쓰기 단계(음영 부분) | | | | | 7단계 | 사후 검사 |
				2단계	3단계	4단계	5단계	6단계		
A	AI 활용	실시	○	X	X	X	○	X	○	실시
B			○	○	X	X	○	X	○	
C			○	X	○	X	○	X	○	
D			○	○	○	X	○	X	○	

자기주도적 AI 쓰기 프로젝트 학습은 〈표 3-2〉에 제시된 바와 같이 총 7단계로 진행되었으며 내용 생성 단계에서의 AI 활용 여부에 차이를 두어 프로그램을 설계하였다. 실험 설계상, 모든 집단에서 AI를 활용한 단계는 1단계, 5단계, 7단계이며, AI를 전혀 활용하지 않은 단계는 4단계(내용 조직 및 초고 쓰기)와 6단계(고쳐쓰기)로 설정되었다. 따라서 본 연구는 AI의 부분적이고 제한적인 활용이 이루어진 2단계(주제 선정 및 아이디어 탐색, 발산적 사고 중심)와 3단계(아이디어 조직 및 정교화, 수렴적 사고 중심)의 효과에 초점을 맞추었다. 이러한 연구 설계를 통해 AI를 활용한 쓰기 학습이 고등학생의 자기결정성 동기와 창의적 자기효능감

에 미치는 영향을 실증적으로 검토하고 AI 기반 글쓰기 학습의 교육적 유용성을 탐색하는 것을 목표로 하였다.

또한 사전·사후 글쓰기 점수 비교를 통해 학습자의 글쓰기 성취도 향상 여부를 객관적으로 검증하였다. 이를 위해 SPSS 29.0 통계 프로그램을 활용하여 데이터의 정규성과 분산의 동질성을 확인한 후, 혼합설계 분산분석(Mixed-design ANOVA)을 실시하였다. AI 활용 여부에 따라 집단 A(미활용), 집단 B(2차시 활용), 집단 C(3차시 활용), 집단 D(2+3차시 모두 활용)로 구분하여 글쓰기 과제를 수행하였다. 또한 사전 검사는 1차시 시작 전에, 사후 검사는 7차시 종료 후에 실시하였다. 학습자의 글쓰기 성취도는 내용, 조직, 표현의 세 항목을 기준으로 평가하였다.

분석 절차에서는 Levene 검정을 통해 분산의 동질성을 검토하고 Kolmogorov-Smirnov 검정과 Shapiro-Wilk 검정을 활용하여 데이터의 정규성을 평가하였다. 이때 반복측정 요인에 대한 구형성 가정은 측정 시점이 사전·사후의 두 시점만으로만 구성되어 있어 이론적으로 구형성 가정을 자동적으로 만족하는 것으로 간주하였다. 이어 자기결정성 동기(외적 조절, 내사된 조절, 확인된 조절, 내적 조절), 창의적 자기효능감(창의적 사고 효능감, 창의적 수행 효능감), 글쓰기 성취도(내용, 조직, 표현)의 집단 간 차이를 분석하기 위해 혼합설계 분산분석(Mixed-design ANOVA)을 활용하여 실험 연구를 수행하였다. 연구 설계는 집단 간 비교(Between-subjects factor)와 반복측정 요인(Within-subjects factor)을 포함하는 혼합설계(Mixed-design)를 적용하여 집단별 자기결정성 동기, 창의적 자아효능감, 글쓰기 성취도의 변화 양상을 비교 분석하는 데 초점을 맞추었다.

이러한 분석은 AI 활용 여부(집단 A vs 집단 B, C, D 비교), AI 활용 시점(집단 B vs 집단 C, D 비교), AI 활용 빈도(집단 D vs 집단 A, B, C 비교)를 주요 변수로 설정하여 자기결정성 동기와 창의적 자기효능감에 미치는 영향을 분석하였다. AI 활용 시점이 학습자에게 미치는 교육적 효과를 보다 명확하게 규명하기 위해 본 연구에서는 AI 활용 시점이 자기결정성 동기의 특정 하위 변인(외적 조절, 내사된 조절, 확인된 조절, 내적 조절)과 창의적 자기효능감(창의적 사고 효능감, 창의적 수행 효능감)에 미치는 차별적 영향을 연구 가설로 설정하였다. 우선, 집단 B(2차시 AI 활용)는 2차시의 발산적 사고 중심 활동에서 AI를 활용하여 주제와 아이디어를 폭넓게 탐색하는 경험을 통해 자기결정성 동기와 창의적 자기효능감의 향상이 기대된다. 이는 학생들이 AI의 도움을 받아 주제에 대한 흥미와 의미를 발견하고 스스로 적절한 방향성을 설정하는 과정에서 자기주도성이 강화되었기 때문이다. 또한 AI가 제공하는 다양한 제안을 통해 창의적인 주제와 관점을 탐색하는 과정에서 창의적 자기효능감이 증진될 가능성이 있으며 이는 이후 글쓰기 과정에서 보다 풍부한 아이디어를 형성하는 데 긍정적인 영향을 미칠 것으로 예상된다. 반면, 집단 C(3차시 AI 활용)는 3차시의 수렴적 사고 중심 활동에서 AI를 활용함으로써 아이디어의 논리적 조직과 정교화를 경험하게 되며 사고의 구조화 능력과 자기효능감에 긍정적인 영향을 미칠 수 있다. 이는 학생들이 AI를 활용하여 논리적인 글의 흐름을 구성하고 자신의 아이디어를 체계적으로 정리하는 과정에서 학습의 의미를 내면화할 가능성이 크기 때문이다. 또한 집단 D(2+3차시 AI 활용)는 2차시와 3차시 모두에서 AI를 반복적으로 활용함으로써 내용 생성하기 단계 모두에서 AI의 도움을 받으며 학습 전반에 걸쳐 자기결정성 동기와 창의적 자기효능감을 심화할 가능성이 높다. 특히 AI 활용이 반복될수록 학습자들은 자기주도적 학습 태도를 형성하고 창의적 문제 해결 과정에서 AI를 보다 적극적으로 활용할 가능성이 높아진다. 이러한 연구 가설을 바탕으로, 본 연구는 AI 활용 시점과 빈도에 따른 학습자의 자기결정성 동기와 창의적 자기효능감 변화 양상을 분석함으로써 향후 국어과 글쓰기 교육에서 AI 기술의 교육적 효과와 실천적 적용 가능성에 대한 시사점을 제공하고자 한다.

2. 연구의 절차

본 연구는 서울 소재 S고등학교 2학년 학생들을 대상으로 자기주도적 AI 쓰기 프로젝트 학습이 자기결정성 동기와 창의적 자기효능감에 미치는 영향을 실증적으로 분석하기 위해 사전·사후 검사를 실시하고 혼합설계 분산분석(Mixed-design ANOVA)을 적용하여 연구를 진행하였다.

[그림 3-1] 자기주도적 AI 쓰기 프로젝트 연구 진행 절차

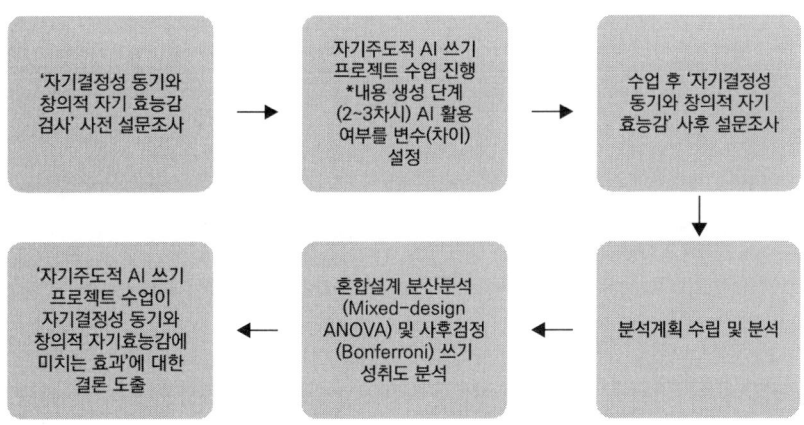

연구 절차는 [그림 3-1]에 제시된 바와 같이 사전 검사, 실험 처치(자기주도적 AI 쓰기 프로젝트 학습), 사후 검사, 데이터 분석의 네 단계로 구성되었다. 모든 단계에서 일관된 연구 설계를 유지함으로써 실험 환경을 철저히 통제하고 연구 결과의 신뢰성과 타당성을 확보하는 데 중점을 두었다.

사전 검사

1) 사전 검사의 목적

사전 검사는 자기주도적 AI 쓰기 프로젝트 학습이 고등학생의 자기결정성 동기와 창의적 자기효능감에 미치는 영향을 분석하기 위한 기초자료를 수집하는 과정이다. 이를 통해 학생들의 초기 상태를 측정하고 실험 처치 후 변화된 수준을 비교하여 AI 활용의 효과를 객관적으로 평가하는 것을 목표로 한다. 또한 실험 집단 간 동질성을 검증함으로써 연구 결과의 신뢰성을 확보하고 자기결정성 동기와 창의적 자기효능감의 사전 상태를 정량적으로 분석하여 이후 변화 양상을 보다 정확하게 해석하는 데 활용되었다.

2) 사전 검사 실시 과정

사전 검사는 2024년 8월 19일에 진행되었으며, S고등학교 2학년 학생들을 대상으로 자기결정성 동기와 창의적 자기효능감 검사를 실시하였다. 검사는 출력된 설문지를 활용하여 개별적으로 응답하는 방식으로 이루어졌으며 학생들이 정확하고 일관된 방식으로 응답할 수 있도록 연구자가 각 학급 교사와 협의하여 통일된 안내 절차를 마련하였다. 검사가 진행되는 동안 학생들이 외부 방해 요소 없이 설문에 집중할 수 있도록 조용한 환경을 조성하였으며 모든 학급에서 동일한 시간(30분) 내에 응답을 완료하도록 안내하였다. 검사 시간의 일관성을 위해 사전 공지로 응답 시간을 명확히 하고 모든 학생이 정해진 시간 내에 검사를 마칠 수 있도록 유도하였다. 검사가 완료된 후에는 즉시 설문지를 회수하여 응답 내용이 변형되거나 손실되지 않도록 철저히 관리하였다. 이러한 절차를 통해 사전 검사 자료의 신뢰성을 확보하고 이후 실험 처치 후의 변화를 객관적으로 분석할 수 있는 기초 데이터를 구축하였다.

실험 처치: 자기주도적 AI 쓰기 프로젝트 학습

1) 실험 처치의 개요

사전 검사 이후, 연구자는 7차시에 걸쳐 자기주도적 AI 쓰기 프로젝트 학습을 운영하였으며 AI 활용 여부에 따라 네 개의 실험 집단(A, B, C, D)을 구성하였다. 본 연구는 AI가 학습자의 자기결정성 동기와 창의적 자기효능감에 미치는 영향을 비교 분석하는 것을 목적으로 하였으며 특히 쓰기 과정 중 내용 생성 단계(2~3차시)에서 AI 활용 여부를 주요 실험 요인으로 설정하였다.

2) 연구 집단 구성 및 실험 조건

본 연구에서는 AI 활용 여부에 따라 네 개의 실험 집단(A, B, C, D)을 구성하여 실험을 진행하였다. 각 집단은 쓰기 과정 중 내용 생성 단계(2~3차시)에서 AI 활용 방식에 차이를 두어 실험 처치를 달리하였다. 이를 통해 AI 활용이 학습자의 자기결정성 동기와 창의적 자기효능감에 미치는 영향을 정량적으로 비교·분석할 수 있도록 설계되었다.

집단 A는 AI를 전혀 활용하지 않고 자기주도적으로 내용을 생성하는 방식으로 학습을 진행하였다. 즉, AI의 도움 없이 학생들이 스스로 아이디어를 탐색하고 정리하는 과정을 거치도록 하였다. 이를 통해 내용 생성 단계에서 AI를 활용하지 않는 자기주도적 AI 쓰기 방식이 자기결정성 동기와 창의적 자기효능감에 미치는 영향을 분석하고자 하였다. 집단 A의 학생들은 내용 생성 단계에서 주제 선정과 아이디어 조직하기를 AI의 도움 없이 온전히 자기주도적으로 수행하였으며 학습 과정에서 교사의 개입 또한 최소화하였다. 이를 통해 내용 생성 단계에서 자기주도적 글쓰기의 순수한 효과를 평가할 수 있도록 설계되었다. 집단 B는 2차시의 발산적 사고 중심의 내용 생성 단계에서 AI를 활용한 학습을 수행하였다. 이 집단은 주제 선정 및 아이디어 탐색 활동에서 AI를 활용하여 아이디어를 도출하고 확장하는 기회를 제공받았으며 이후의 글쓰기 과정에서는 AI의 도움 없이 스스로 내용을 조직하고 발전시키는 방식으로 학습을 수행하였다. 이때 AI는 주제와 관련된 다양한 관점을 제시하고 연상어 및 창의적 아이디어 탐색을 유도함으로써 초기 단계에서의 인지적 부담을 완화하고 사고의 확산을 지원하는 역할을 수행하였다. 이러한 설계를 통해 발산적 사고 활동에서 AI 활용이 자기결정성 동기와 창의적 자기효능감에 미치는 영향을 실증적으로 평가할 수 있도록 하였다. 반면, 집단 C는 3차시의 수렴적 사고 중심의 내용 생성 단계에서 AI를 활용하였다. 해당 집단은 글쓰기 초반인 2차시에서는 AI를 활용하지 않고 학습자 스스로 주제를 선정하고 아이디어를 구성하였으며 이후 아이디어 조직하기 단계에서 AI를 도입하여 글의 논리적 구조를 보완하고 아이디어 간의 연결성을 정교화하는 데 중점을 두었다. AI는 생성된 아이디어를 구조화하고 논리적 흐름을 강화하는 기능을 중심으로 활용되었으며 이를 통해 학습자들은 보다 체계적인 글의 전개를 구성하는 경험을 하였다. 이러한 실험 조건을 통해 AI 활용 시점이 내용 생성 단계 중 후기 단계인 수렴적 사고 활동으로 지연되었을 때 학습자의 자기결정성 동기와 창의적 자기효능감에 미치는 영향을 비교·분석하고자 하였다. 집단 D는 2차시와 3차시 모두에서 AI를 활용하여 내용을 생성하는 방식으로 학습을 진행하였다. 이 집단은 주제 선정하기 단계와 아이디어 조직하기 단계에서 AI를 활용하였으며 아이디어 생성과 확장 그리고 논리적 구조화 과정 모두에서 AI의 적극적인 지원을 받았다. AI는 주제 선정 단계에서는 창의적 아이디어를 생성하도록 지원하고 아이디어 조직 단계에서는 아이디어 확장을 돕는 동시에 논리적 연결성을 강화하여 글의 완성도를 높이는 역할을 수행하였다. 이를 통해 AI의 지속적인 개입이 학습자의 자기결정성 동기와 창의적 자기효능감에 미치는 영향을 평가하는 데 중점을 두었다. 또한 AI를 반복적으로 활용한 학습이 자기주도적 글쓰기 과정에서 학습자의 자신감을 증진시키고 창의적 사고와 수행을 지속적으로 강화하는지를 검토하고자 하였다.

이와 같은 실험 설계를 통해 AI 활용 여부 및 활용 시점에 따른 차이가 학습자의 자기결정성 동기와 창의적 자기효능감 형성에 미치는 영향을 실증적으로 비교 분석할 수 있도록 하였다. 특히 집단 간 비교를 통해 AI 기술이 자기결정성 동기와 창의적 자기효능감에 미치는 영향을 탐색하고 효과적인 AI 활용 전략을 모색하는 기초 자료를 제공하고자 하였다. 나아가 이러한 분석을 통해 자기주도적 AI 쓰기 프로젝트 학습이 학습자의 창의적 사고력과 자기주도적 학습 역량을 어떻게 촉진할 수 있는지에 대한 교육적 시사점을 도출하는 것을 연구의 궁극적인 목표로 설정하였다.

3) AI 활용 지도 및 실험 환경 유지

본 연구에서는 AI를 활용하는 집단 B, C, D의 학생들이 AI 기술을 효과적으로 활용할 수 있도록 사전 교육을 실시하고 AI 활용 방식과 윤리적 활용 지침을 안내하여 AI가 학습 과정에서 보조 도구로 적절히 활용될 수 있도록 지도하였다. 또한 실험 과정에서 AI를 활용하는 집단과 활용하지 않는 집단이 동일한 학습 조건에서 글쓰기 활동을 수행하도록 철저히 통제하여 AI 활용 여부 외의 다른 변인이 연구 결과에 영향을 미치지 않도록 하였다. AI 활용 집단은 초기 아이디어 생성, 주제 선정하기, 발산적 사고 중심의 내용 생성하기(2차시) 및 아이디어 조직하기, 수렴적 사고 중심의 내용 생성하기(3차시) 과정에서 AI를 활용하는 방식에 따라 세부적으로 구분되었으며, 각 집단이 정해진 방식에 따라 AI를 활용하도록 명확한 가이드를 제공하였다. 실험이 진행되는 동안 교사의 개입을 최소화하여 학생들이 자율적으로 AI를 활용하거나 자기주도적으로 글쓰기를 수행할 수 있도록 하였다. 실험 시간과 환경을 통일하여 AI 사용의 영향만을 분석할 수 있도록 설계하였으며 학생들이 AI에 과도하게 의존하지 않고 비판적으로 활용할 수 있도록 지도하였다. 이러한 설계는 AI 활용 여부와 활용 시점이 자기결정성 동기와 창의적 자기효능감에 미치는 영향을 신뢰성 있게 측정하고 AI 기반 학습 환경에서 효과적인 활용 전략을 탐색하는 데 기여하고자 하였다.

사후 검사

본 연구에서는 자기주도적 AI 쓰기 프로젝트 학습이 학습자의 자기결정성 동기와 창의적 자기효능감에 미친 영향을 분석하고, 사전 검사와의 변화를 비교하기 위해 실험 처치 종료 후 2024년 9월 6일에 사후 검사를 실시하였다. 사후 검사는 사전 검사와 동일한 방법과 절차를 적용하여 연구의 신뢰성을 확보하고 실험 처치의 효과를 객관적으로 평가하는 데 중점을 두었다. 이를 위해 사전 검사에서 사용한 자기결정성 동기와 창의적 자기효능감 설문지를 그대로 활용하여 진행하였으며 개별적으로 응답한 후 연구자가 즉시 설문지를 회수하는 방식으로 진행하였다. 이러한 절차를 통해 사전 검사와의 일관성을 유지하고 실험 처치 이후 나타난 변화를 정확하게 측정할 수 있도록 하였다.

1) 사후 검사 환경 및 절차 통제

본 연구에서는 사전 검사와 동일한 환경에서 사후 검사가 이루어지도록 철저한 통제 절차를 준수하여 연구의 신뢰성을 확보하였다. 사후 검사는 실험 처치 이후 학생들의 자기결정성 동기와 창의적 자기효능감의 변화를 측정하는 중요한 과정이므로 사전 검사와의 비교가 가능하도록 환경적, 절차적 통일성을 유지하는 데 중점을 두었다. 이를 위해 검사 시간 및 환경 통제, 설문지 회수 및 보관 절차, 검사 문항의 동일성 유지 등에서 일관된 절차를 적용하였다.

검사 시간과 환경을 엄격히 통제하여 동일한 조건에서 응답할 수 있도록 하였다. 사전 검사와 마찬가지로 사후 검사도 동일한 시간 동안 진행되었으며 같은 교실에서 시행하여 장소적 차이가 연구 결과에 영향을 미치지 않도록 조치하였다. 또한 검사 중 외부 방해 요소가 발생하지 않도록 조용한 환경을 조성하였으며 설문에 집중할 수 있도록 안정적인 검사 환경을 유지하였다. 연구자는 검사 진행 과정에서 감독자로서 역할을 수행하며 응답 과정에서 공정성을 유지하였다.

설문지의 회수 및 보관 절차를 체계적으로 관리하여 응답 데이터의 신뢰성을 확보하였다. 응답을 완료한 후 연구자가 즉시 설문지를 회수하여 데이터 수집 방식의 일관성을 유지하였으며 응답 과정에서 누락이나 오류가 발생하지 않도록 문항 응답 여부를 다시 한번 확인하도록 안내하였다. 또한 모든 학생이 검사를 완료할 때까지 외부 간섭을 철저히 통제하였으며 회수된 설문지는 연구자가 직접 보관하여 데이터의 안전성을 유지하였다.

사전 검사에서 사용한 설문지와 동일한 문항을 사용하여 검사 문항의 일관성을 유지하였다. 질문 문항의 배열 순서와 용어 사용을 그대로 적용하여 설문 자체가 연구 결과에 영향을 미치는 변수가 되지 않도록 하였다. 또한 검사 진행 방식 역시 사전 검사와 동일하게 유지하여 응답 과정에서 발생할 수 있는 불필요한 변수를 최소화하였다. 이를 통해 사후 검사 결과가 실험 처치 이후에 나타난 변화를 반영하는 객관적인 지표로 활용될 수 있도록 연구 설계를 최적화하였다.

2) 연구의 신뢰성 및 타당성 확보 방안

본 연구는 사전 검사와 동일한 절차를 유지하여 실험 처치 이후 발생할 수 있는 외부 변수를 최소화하고, 연구 결과의 신뢰성과 타당성을 확보하는 데 중점을 두었다. 사전·사후 검사의 환경과 절차를 일관되게 조정함으로써 실험 처치가 학습자의 자기결정성 동기와 창의적 자기효능감에 미친 영향을 보다 정확하게 분석할 수 있도록 설계하였다. 이러한 연구 설계를 통해 자기주도적 AI 쓰기 프로젝트 학습이 학습자의 자기결정성 동기와 창의적 자기효능감에 미치는 영향을 실증적으로 검토할 수 있었으며 나아가 AI 기반 학습 환경의 교육적 효과를 평가하는 데 유용한 기초 자료를 제공할 수 있을 것으로 기대된다.

데이터 분석 방법

본 연구에서는 SPSS 29.0을 활용하여 데이터 분석을 수행하였으며 연구의 목적에 맞춰 정규성 및 등분산성 검정, Mauchly의 구형성 검정(Sphericity Test) 등을 통해 등분산성이 충족되는지 확인하였다. 자기결정성 동기의 네 가지 변인(외적 조절, 내사된 조절, 확인된 조절, 내적 조절)과 창의적 자기효능감의 두 가지 변인(창의적 사고 효능감, 창의적 수행 효능감)에 대한 집단 간 차이를 분석하기 위해 혼합설계 분산분석(Mixed-design ANOVA)을 적용하였다. 이를 통해 AI 활용 여부뿐만 아니라 활용 시점과 활용 빈도가 학습자의 자기결정 동기와 창의적 자기효능감에 미치는 영향을 실증적으로 검토하고 AI 기반 학습 환경의 효과를 검증하고자 하였다.

연구의 신뢰성을 확보하기 위해 사전·사후 검사를 통해 수집된 데이터를 체계적으로 분석하는 절차를 수립하였다. 이를 바탕으로 해석의 정확성을 높이고 연구 결과의 타당성을 검증하고자 하였다. 데이터 분석 과정은 크게 신뢰도 검증, 정규성 및 등분산성, 구형성 검정, 혼합설계 분산분석 수행, Bonferroni 보정을 적용한 사후검정, 쓰기 성취도 분석의 다섯 단계로 이루어졌다.

본 연구에서 사용된 검사 도구와 분석 방법은 다음과 같다.

첫째, 자기결정성 동기와 창의적 자기효능감을 측정하는 검사 도구의 신뢰도를 확인하기 위해 Cronbach's α 계수를 산출하였다.

둘째, 자기주도적 AI 쓰기 프로젝트 학습과 내용 생성하기(2~3차시) 단계에서 AI 활용 여부가 고등학생의 자기결정성 동기와 창의적 자기효능감에 미치는 영향을 분석하기 위해 혼합설계분산분석(Mixed-design ANOVA)을 실시하였다.

셋째, 자기주도적 AI 쓰기 프로젝트 학습과 내용 생성 단계(2~3차시)에서의 AI 활용 여부에 따른 연구 집단 간 글쓰기 성취도 점수 차이를 비교 분석하여 AI 활용이 학습자의 글쓰기 능력 향상에 미친 영향을 검토하였다.

3. 자료의 수집 및 분석

측정

1) 자기결정성 동기

본 연구에서는 학습자의 자기결정성 동기를 측정하기 위해 김아영(2002)이 개발한 K-SRQ-A(Self-Regulation Questionnaire-Academic in Korean, 한국형 학업적 자기조절 설문지)를 활용하였다. 해당 설문지는 Ryan과 Connell(1989)이 개발한 학업적 자기조절 질문지(Academic Self-Regulation Questionnaire: SRQ-A)와 Hayamizu(1997)의 척도를 통합 수정하여 한국의 학업 환경에 적합하도록 개발된 도구이다.

본 연구에서 사용된 자기결정성 동기 척도는 외적 조절(6문항), 내사된 조절(6문항), 확인된 조절(6문항), 내적 조절(6문항)의 총 24문항으로 구성되었으며 각 문항은 5점 Likert 척도를 사용하여 응답하도록 설계되었다. 그러나 외적 조절과 내사된 조절 변인의 문항은 점수가 높을수록 자기결정성이 낮아지는 방향으로 구성되어 있었다. 이에 따라 본 연구에서는 점수 해석의 일관성을 유지하기 위해 해당 변인에 대해 역배점(reverse scoring)을 적용하였다. 역배점 처리는 Likert 5점 척도의 경우 $\rho-$ 원 응답 값'으로 변환하는 방식으로 이루어졌으며, 이를 통해 모든 변인의 점수가 높을수록 자기결정성이 높음을 의미하도록 정규화하였다. 자기결정성 동기 하위 변인별 문항 구성과 신뢰도(Cronbach's α)는 〈표 3-3〉에 제시되어 있다.

〈표 3-3〉 자기결정성 동기의 문항 구성 및 신뢰도

변인	내용	문항 수	문항 번호	사후검사 신뢰도
외적 조절	보상 획득 또는 처벌 회피를 목적으로 행동하는 단계	6	1, 5, 9, 13, 17, 21	.925
내사된 조절	행동을 내면화하려는 단계로 개인의 의지가 개입되지만 여전히 자기결정적이지 않은 상태	6	2, 6, 10, 14, 18, 22	.920
확인된 조절	특정 행동이 개인적으로 중요하거나 목표에 부합한다고 판단하여 자발적으로 수행하는 단계	6	3, 7, 11, 15, 19, 23	.925
내적 조절	과제 자체에 대한 흥미와 즐거움으로 인해 행동하는 단계	6	4, 8, 12, 16, 20, 24	.921
총	-	24문항	-	.980

* 외적 조절과 내사된 조절 변인은 해석의 일관성 유지를 위해 역배점 처리

2) 창의적 자기효능감

본 연구에서는 창의적 자기효능감을 측정하기 위해 Tierney와 Farmer(2002)의 연구를 기반으로 Beghetto(2006)가 학생들을 대상으로 수정한 3문항을 활용하였다(Beghetto, 2006; Chong & Ma, 2010; Mathisen & Bronnick, 2009; Tierney & Farmer, 2011). 그러나 창의적 자기효능감을 보다 정밀하게 평가하기 위해 3문항만으로는 한계가 있다고 판단하였으며 이에 따라 하유경, 조한익(2016)이 개발한 창의적 자기효능감 검사 도구를 추가로 사용하였다. 본 연구에서는 총 20문항으로 구성된 설문지를 통해 창의적 자기효능감을 측정하였으며 학생들은 각 문항이 자신의 경험이나 인식과 얼마나 부합하는지를 5점 Likert 척도로 응답하였다. 이를 통해 학생들의 창의적 자기효능감을 보다 심층적으로 평가하고 분석할 수 있도록 설계하였다. 또한 창의적 자기효능감의 하위 변인별 문항 수와 신뢰도(Cronbach's α)는 〈표 3-4〉에 제시되어 있으며 이를 바탕으로 문항의 신뢰성과 타당성을 검증하였다.

〈표 3-4〉 창의적 자기효능감의 문항 구성 및 신뢰도

변인	문항 수	문항 번호	사후검사 신뢰도
창의적 사고 효능감	9	1, 2, 3, 4, 5, 6, 7, 8, 9	.946
창의적 수행 효능감	11	10, 11, 12, 13, 14, 15, 16, 17, 18, 19, 20	.959
총	20문항	-	.976

3) 글쓰기 성취도 분석(글쓰기 결과물의 점수 차이 분석)

본 연구에서는 자기주도적 AI 쓰기 프로젝트 학습 과정에서 내용 생성하기(2~3차시) 단계의 AI 활용 여부 및 활용 시점에 따른 글쓰기 결과물의 점수 변화를 분석하기 위해 혼합설계 분산분석(Mixed-design ANOVA)을 실시하였다.[1] 이를 통해 집단 A(AI 미활용), 집단 B(2차시 활용), 집단 C(3차시 활용), 집단 D(2+3차시 활용)를 독립변인(Between-subjects factor)으로 설정하고, 사전·사후 글쓰기 점수를 반복측정된 종속변인(Within-subjects factor)으로 설정하여 AI 활용 여부 및 활용 시점이 글쓰기 성취도 향상에 미친 영향을 검토하였다. 이를 통해 AI 활용이 단기적인 효과인지 혹은 학습 과정 전반에서 지속적인 영향을 미치는지를 확인하고 AI 활용 시점과 빈도에 따른 차별적인 효과를 검증하고자 하였다. 평가 영역은 일반적인 작문 평가 기준(내용, 조직, 표현)에 근거하여 설정하였으며 논증적 글쓰기 평가 기준은 장지혜·송지언(2019)의 연구, 설득적 글쓰기 평가 기준은 민병곤 외(2018)의 연구를 참고하였다. 또한 2022 개정 국어과 교육과정의 성취기준을 기반으로 평가 초안을 마련한 후 채점자 3인 간 협의를 거쳐 최종 평가 영역과 평가 기준을 확정하였다. 최종적으로 마련된 구체적인 채점 기준은 〈표 3-5〉에 제시되어 있다.

---

1) 본 연구에서는 연구 결과 분석을 위한 사전 작업으로, 각 집단이 작문 능력 차원에서 동질한 집단인지 확인하고자 사전 글쓰기 과제를 부여하였다. 이를 위해 학생들이 개인적 경험과 사회적 맥락을 연결하여 창의적인 대안을 제시하는 논증적 글쓰기 과제를 수행하도록 설계하였다.
논증적 글쓰기 과제는 학생들이 사회적 문제를 비판적으로 분석하고 논리적인 근거를 바탕으로 창의적인 해결 방안을 제시할 수 있도록 구성하였다. 특히 창의적 대안이 사회적 논쟁성을 지니고 있으며 개인과 사회의 역할에 대한 균형 있는 논의를 요구하는 주제를 선정하였다. 이에 따라 "학교폭력 예방, 개인의 도덕성인가 사회적 시스템인가?"를 주제로 하여 학생들이 700자 내외의 논증적 글쓰기를 수행하도록 하였다. 본 사전 글쓰기 과제를 통해 각 집단의 작문 능력 차이를 분석하고 연구의 신뢰성을 확보하기 위한 기초 자료를 제공하고자 하였다.

〈표 3-5〉 글쓰기 성취도 평가 영역 및 평가 내용

평가 영역	평가 내용	평가 척도					
내용	① 주제에 대해 통일성을 갖추어 내용을 구성하였는가?	0	1	2	3	4	5
	② 글의 분량이 충분한가?	0	1	2	3	4	5
	③ 자신의 생각을 이유와 근거를 들어 논리적으로 뒷받침하였는가?	0	1	2	3	4	5
	④ 글쓰기 상황(목적, 주제, 예상독자)에 맞는 참신하고 개성 있는 내용이 포함되었는가?	0	1	2	3	4	5
조직	⑤ 단락 의식을 가지고 글 전체 구조의 완결성과 균형을 갖추었는가?	0	1	2	3	4	5
	⑥ 글의 내용이 논리적으로 전개되었는가?	0	1	2	3	4	5
	⑦ 문단 나누기가 잘되어 있는가?	0	1	2	3	4	5
표현	⑧ 문장을 정확하고 이해하기 쉽게 썼는가?	0	1	2	3	4	5
	⑨ 언어 규범을 잘 지켰는가?	0	1	2	3	4	5

텍스트는 내용, 조직, 표현 세 가지 평가 영역에 대해 항목당 0~5점 척도로 채점되었다. 모국어 작문 평가에서는 각 영역의 반영 비율이 달라야 한다는 장성민·민병곤(2016)의 논의를 바탕으로 각 영역의 반영 비율을 다르게 설정하여 5점 만점으로 산출하였다. 채점 초기 과정에서는 총 256편(사전 글쓰기 128편, 사후 글쓰기 128편)의 글을 평가하였으며 신뢰도를 확보하기 위해 2인 이상의 채점자가 평가에 참여하였다. 또한 채점 과정에서 집단별 정보가 노출되지 않도록 조치하였으며 채점 대상 텍

스트의 순서를 무작위로 배치하여 한 명의 채점자가 다양한 조건하의 글을 채점하도록 함으로써 채점자 간 편향을 최소화하고자 하였다.

구체적인 채점 과정은 다음과 같다. 먼저, 국어교육 전공 박사과정 채점자 3인이 사전·사후 글쓰기 총 256편 중 40편(사전 20편, 사후 20편 / S109-S128)에 대해 공동 예비 채점을 실시하고 평가 기준과 채점 방식에 대한 공동의 이해를 도모하였다. 이후, 사전·사후 글쓰기 S001-S128의 글을 평가하기 위해 채점자 1은 S001-S072, 채점자 2는 S037-S108, 채점자 3은 S073-S108과 S001-S036을 채점하였다. 각 채점자는 총 72편의 글을 채점하였으며 또한 공통으로 채점한 36편의 글을 기준으로 채점자 간 신뢰도를 검증하여 평가의 객관성과 타당성을 확보하였다.

본 연구에서는 평가 결과의 신뢰성을 확보하기 위해 채점자 간 신뢰도(Cronbach's α 계수)를 검증하였다. 크론바흐 알파 계수는 평가 항목이 동일한 특성을 얼마나 일관되게 측정하는지를 나타내는 신뢰도 지표로 0.7 이상일 경우 수용 가능 수준, 0.8 이상이면 높은 신뢰도, 0.9 이상은 매우 높은 신뢰도로 해석할 수 있다(Nunnally & Bernstein, 1994). 최종적으로 크론바흐 알파 계수를 통해 산출된 채점자 간 신뢰도는 〈표 3-6〉에 제시되어 있으며 평가의 신뢰성을 검증하기 위해 2명의 채점자가 부여한 점수의 평균값을 최종 점수로 산출하였다.

<표 3-6> 채점자 간 신뢰도

신뢰도	사전 글쓰기			사후 글쓰기		
	내용	조직	표현	내용	조직	표현
채점자1~채점자2 간 신뢰도(S037-S072)	.908	.920	.913	.850	.780	.790
채점자2~채점자3 간 신뢰도(S073-S108)	.897	.920	.877	.755	.765	.830
채점자3~채점자1 간 신뢰도(S001-S036)	.912	.921	.840	.855	.907	.827
3인 채점자 간 신뢰도(S109-S128)	.904	.958	.923	.830	.760	.780

사전·사후 글쓰기 평가에서 내용, 조직, 표현의 세 가지 평가 영역에 대해 2인 이상의 채점자가 부여한 점수를 바탕으로 Cronbach's α 계수를 산출하였다.

사전 글쓰기 평가의 채점자 1과 채점자 2 간의 Cronbach's α 계수는 <표 3-6>에 제시된 바와 같이 내용(α = .908), 조직(α = .920), 표현(α = .913)으로 나타나 매우 높은 신뢰도를 보였다. 이는 채점자 간 평가 기준에 대한 공통된 이해와 일관성 있는 채점이 이루어졌음을 시사한다. 모든 평가 영역에서 신뢰도가 .9 이상으로 확인되었으며 이는 평가 기준이 명확하게 공유되고 동일한 기준에 따라 채점이 이루어졌음을 의미한다. 채점자 2와 채점자 3 간의 신뢰도는 내용(α = .897), 조직(α = .920), 표현(α = .877)로 일부 항목에서 약간의 차이를 보였으나, 여전히 전반적으로 높은 수준의 신뢰도를 유지하였다. 또한 채점자 3과 채점자 1 간의 신뢰도는 내용(α = .912), 조직(α = .921), 표현(α = .840)으로 나타나 평가 영역 간 일관성을 유지하면서 안정적인 채점 결과를 보장하였다. 공동으로 채점한 사전 글쓰기 텍스트(20편, S109~S128)의 Cronbach's α 계수는 내용(α =

.904), 조직(α = .958), 표현(α = .923)으로 분석되어 높은 신뢰도를 기록하였다. 이는 해당 평가 기준이 명확하게 공유되었으며 일관된 기준이 적용되었음을 의미한다. 결론적으로 사전 글쓰기 평가의 Cronbach's α 계수가 모든 평가 항목에서 .9에 근접하거나 그 이상을 기록하여 채점 결과의 객관성과 신뢰성이 확보되었음을 확인할 수 있었다. 이러한 높은 신뢰도는 평가 기준의 타당성과 채점 절차의 일관성을 뒷받침하며 평가 결과의 교육적 활용 가능성을 높이는 중요한 근거를 제공한다.

사후 글쓰기 평가에서 채점자 1과 채점자 2 간의 Cronbach's α 계수는 〈표 3-6〉에 제시된 바와 같이 내용(α = .850), 조직(α = .780), 표현(α = .790)으로 나타났다. 모든 영역에서 수용 가능한 수준 〉.7을 유지하면서도 안정적인 신뢰도를 보였다. 이는 사후 평가에서도 채점자 간 평가 기준이 대체로 일관되게 적용되었음을 시사한다. 채점자 2와 채점자 3 간의 신뢰도는 내용(α = .755), 조직(α = .765), 표현(α = .830)으로 분석되었으며 표현(α = .830)에서 높은 신뢰도를 보인 반면, 내용(α = .755)과 조직(α = .765)은 수용 가능 수준을 유지하였다. 또한 채점자 3과 채점자 1 간의 신뢰도는 내용(α = .855), 조직(α = .907), 표현(α = .827)로 나타나 모든 영역에서 높은 신뢰도를 기록하였다. 공동 채점한 사후 글쓰기 텍스트(20편, S109~S128)의 Cronbach's α 계수는 내용(α = .830), 조직(α = .760), 표현(α = .780)으로 분석되었다. 결론적으로, 사후 평가의 Cronbach's α 계수는 전반적으로 안정적인 신뢰도를 유지하였으며 평가의 객관성과 일관성을 뒷받침하는 결과를 보였다. 이는 사후 평가 과정에서도 평가 기준이 비교적 일관되게 적용되었음을 시사하며 연구 결과의 신뢰성과 객관성을 높이는 데 기여한다. 본 연구의 평가 결과는 자기주도적 AI 쓰기 프로젝트 학습이 학습자의 글쓰기 성취도에 미치는 영향을 실증적으로 분석하는 데 있어 신뢰할 만한 자료로 활용될 수 있음을 의미한다.

자료 분석

본 연구에서는 SPSS 29.0을 활용하여 데이터 분석을 수행하였다. 분석에 앞서 정규성 검정을 실시하였으며 Kolmogorov-Smirnov 검정과 Shapiro-Wilk 검정을 활용하여 데이터의 분포가 정규성을 따르는지 확인하였다. 이 과정에서 자기결정성 동기의 네 가지 하위 변인(외적 조절, 내사된 조절, 확인된 조절, 내적 조절) 중 내사된 조절과 확인된 조절 변인의 경우 점수가 높을수록 자기결정성이 낮음을 의미하는 방향으로 구성되어 있었기 때문에 분석 전 역배점 처리(reverse scoring)를 적용하였다. 이후, AI 활용 여부(집단 A: 미활용, 집단 B: 2차시 활용, 집단 C: 3차시 활용, 집단 D: 2+3차시 모두 활용)를 독립변수(Between-subjects factor)로 설정하고 자기결정성 동기(외적 조절, 내사된 조절, 확인된 조절, 내적 조절)와 창의적 자기효능감(창의적 사고 효능감, 창의적 수행 효능감)을 반복측정 종속변수(Within-subjects factor)로 포함한 혼합설계 분산분석(Mixed-design ANOVA)을 수행하였다. 이를 통해 AI 활용 여부 및 활용 시점이 학습자의 동기적 요소와 창의적 자기효능감에 미치는 영향을 정밀하게 분석하고 AI 기반 학습 환경의 효과를 검증하고자 하였다.

혼합설계 분산분석을 적용한 이유는 집단 간 비교를 넘어 AI 활용 여부와 활용 시점이 학생들의 자기결정성 동기와 창의적 자기효능감 변화에 미치는 차별적인 영향을 정밀하게 분석하기 위함이다. 즉, 혼합설계 분산분석은 AI를 활용한 학습 경험이 학습자의 심리적 요인에 미치는 효과가 사전·사후 검사에서 어떻게 변화하는지를 반복측정 방식으로 분석함으로써 평균 차이 분석보다 더 정교한 통계적 해석이 가능하다. 이를 통해 AI 활용이 학습 과정에서 지속적인 영향을 미치는지 여부를 확인하고 학습자의 자기결정성 동기와 창의적 자기효능감이 시점별로 어떻게 변화하는지를 다각적으로 분석할 수 있다.

혼합설계 분산분석 결과, 독립변수(AI 활용 여부 및 활용 시점)가 종속변수(자기결정성 동기, 창의적 자기효능감)에 미치는 효과가 유의미한 것으로 나타난 경우 구체적인 집단 간 차이를 검토하기 위해 Bonferroni 보정을 적용한 사후검정을 수행하였다. 본 연구에서 Bonferroni 보정을 선택한 이유는 다중 비교 과정에서 유의수준을 조정하여 과대 해석을 방지하고 보다 신뢰성 높은 연구 결과를 확보하기 위함이다. 본 연구에서는 AI 활용 여부뿐만 아니라 AI 활용 시점이 학생들의 자기결정성 동기와 창의적 자기효능감에 미치는 차이를 검토하였기 때문에 다중 비교가 필수적이었다. 이에 따라 통계적 유의성을 보다 엄격하게 평가하고 신뢰성을 높이기 위해 보수적인 기준을 적용하는 Bonferroni 보정을 활용하였다. 또한 Bonferroni 보정은 표본 크기가 동일하거나 다소 차이가 있는 경우에도 안정적인 비교를 수행할 수 있어 본 연구의 분석 맥락과 부합한다. 본 연구에서는 모든 집단(A, B, C, D)의 표본 크기를 동일하게 설정하였지만 다중 비교에서 발생할 수 있는 오류를 최소화하기 위해 보수적인 사후검정 방법인 Bonferroni 보정을 선택하였다. 추가적으로, 집단 간 점수 차이를 비교하는 분석을 수행하였다. 이를 위해 혼합설계 분산분석(Mixed-design ANOVA)을 활용하여 AI 활용 여부가 학생들의 글쓰기 성취도에도 영향을 미칠 가능성이 있으므로 학생들이 작성한 글을 평가하여 글쓰기 성취도에 미친 영향을 실증적으로 검토하였다. 집단 간 글쓰기 성취도를 비교함으로써 AI 활용이 학생들의 실제 글쓰기 수행 능력에 미치는 영향을 평가하고 AI가 창의적 사고 촉진뿐만 아니라 학습 결과에도 긍정적인 영향을 미쳤는지를 확인하고자 하였다.

AI 도구 선정 및 적용 기준

자기주도적 AI 쓰기 프로젝트는 AI 도구의 활용을 전략적으로 통합함으로써 학습자의 자기결정성 동기와 창의적 자기효능감의 향상을 도모하고자 하였다. 그러나 AI는 고도화된 언어 처리 능력을 지닌 도구인 만큼 교육적 맥락과 목적에 부합하도록 적절히 통제하고 구조화되지 않을 경우 오히려 학습자의 사고 과정을 약화시키거나 창의성을 저해할 가능성이 있다. 이에 따라 본 연구는 AI 도구의 선정 및 적용에 있어 명확한 기준과 교육적 원칙을 바탕으로 프로젝트 수업의 설계와 실행을 체계적으로 수행하였다.

본 연구에서 활용한 AI 도구는 학습자의 사고 외재화와 정의적 장벽의 완화를 지원할 수 있는 기능적 특성을 충족하는지를 기준으로 선정되었다. AI 도구 적용에 있어 본 연구는 다음의 세 가지 교육적 원칙을 수업 설계 전반에 반영하였다. 첫째, 학습자 주도성 보장의 원칙이다. AI는 학습자의 사고 흐름을 보조하는 수단으로 제한적으로 활용되었으며 최종 산출물의 핵심 구성과 결정은 학습자의 판단과 선택에 근거하여 이루어지도록 설계하였다. 둘째, 부분적 개입의 원칙이다. AI 도구는 학습자의 사고 유도에 실질적 기여가 가능한 내용 생성 단계에 한정하여 활용되었다. 이는 AI에 대한 과도한 의존을 예방하고 학습자의 사고 자율성을 유지하기 위한 목적에서 설정된 원칙이다. 셋째, 비판적 활용 촉진의 원칙이다. 학습자는 AI 생성물의 타당성을 점검하고 재구성하는 사고 활동을 병행하도록 유도되었다. 이러한 과정을 통해 학습자는 AI를 글쓰기의 주체가 아닌 탐색과 정교화의 촉진 매개로 인식하고 비판적 사고와 창의적 판단을 강화할 수 있었다.

한편, AI의 교육적 활용은 그 유용성과 함께 필연적으로 윤리적 고려 및 한계 인식을 수반해야 한다. 이에 본 연구는 다음의 세 가지 윤리적 기준을 프로젝트 운영 전반에 체계적으로 반영하였다. 첫째, 정보 출처 인식과 표기 원칙의 지도이다. AI가 생성한 문장이나 아이디어를 활용하는 경우 학습자는 해당 내용을 자신의 창작물이 아닌 기계 생성 결과로 명확히 인식하고 그 출처를 표기하도록 지도하였다. 둘째, AI 리터러시 교육의 내재화이다. 학습자는 AI 생성의 조건과 논리를 이해하고 정보의 신뢰성을 비판적으로 판단하는 역량을 기를 수 있도록 수업 설계에 반영하였다. 셋째, 창의성 저하 및 표절 가능성에 대한 예방 조치이다. 학습자에게 AI는 창의적 발상 자극의 도구로만 활용되어야 하며 최종 산출물은 학습자 고유의 언어와 사고를 중심으로 구성되어야 한다는 원칙을 지속적으로 강조하였다. 이를 위해 수업 중 반복적 피드백과 자기점검 활동을 포함시켜 AI의 제안에 대한 비판적 수용을 장려하였다.

본 연구에서의 AI 도구 활용은 학습자의 자기결정성 동기와 정의적 요인의 향상을 목적으로 한 교육 중심의 설계로 수행되었다. 그러므로 본 연구는 AI가 학습자의 사고를 활성화하고 정서적 장벽을 완화하는 인지적·정의적 매개체로 기능할 수 있음을 보여 준다. 이 기능은 국어과 글쓰기 교육에서 AI를 부분적이고 전략적으로 통합함으로써 학습자의 주체성 강화를 지원할 가능성을 시사한다.

4. 결과 및 논의

연구 결과

1) 내용 생성에서 AI 활용이 자기결정성 동기에 미치는 영향

① 자기결정성 동기 사전·사후검사 점수의 기술통계 및 집단 간 동질성 검정

 본 연구에서는 내용 생성에서 AI 활용이 자기결정성 동기에 미치는 영향을 분석하기 위하여 혼합설계 분산분석(Mixed-design ANOVA)을 실시하였다. 분석을 수행하기에 앞서 자기결정성 동기의 하위 변인(외적 조절, 내사된 조절, 확인된 조절, 내적 조절)에 대한 사전 점수의 기술통계를 제시하고 사전 점수에 대한 집단 간 동질성 여부를 확인하고자 일원배치분산분석(One-way ANOVA)을 실시하였다.

<표 3-7> 자기결정성 동기 사전·사후검사 기술통계 결과

변인	집단	N	사전				사후				사전·사후 상관 (r)	유의확률 (p)
			평균 (M)	표준편차 (SD)	왜도	첨도	평균 (M)	표준편차 (SD)	왜도	첨도		
외적 조절	A	32	2.65	.186	.343	.455	3.15	.239	.186	-.155	.186	.036
	B	32	2.68	.244	.482	.734	3.35	.283	.508	.000		
	C	32	2.71	.155	-.178	.185	3.60	.312	.130	-.029		
	D	32	2.70	.246	-.397	-.206	4.10	.226	-.064	-.538		
내사된 조절	A	32	2.51	.176	-.720	1.383	3.20	.283	.182	-.463	.034	.702
	B	32	2.49	.155	1.337	2.625	3.39	.273	.003	1.049		
	C	32	2.52	.189	-.745	1.038	3.68	.258	.275	.486		
	D	32	2.53	.204	.063	-.240	4.01	.227	.123	-.681		
확인된 조절	A	32	2.59	.235	.127	-.134	3.27	.282	.030	-.595	.017	.846
	B	32	2.53	.117	.245	.191	3.46	.291	.383	-.402		
	C	32	2.62	.184	.989	1.184	3.82	.283	-.524	.083		
	D	32	2.52	.263	.356	-.067	4.05	.248	-.265	-.623		
내적 조절	A	32	2.55	.130	1.110	.855	3.28	.244	-.004	-.133	.011	.905
	B	32	2.52	.147	.275	-.621	3.50	.341	.361	.102		
	C	32	2.47	.162	.709	.352	3.69	.269	.019	-.948		
	D	32	2.51	.215	-.314	-.186	4.16	.266	.207	-.287		

<표 3-7>은 자기결정성 동기의 하위 변인에 대한 사전·사후검사의 기술통계 결과로, 사전검사 점수는 실험 처치 이전 네 집단 간 사전동질성 검정의 기초 자료로 활용되었다. 외적 조절의 경우, 집단 A는 평균 2.65(SD = 0.186), 집단 B는 2.68(SD = 0.244), 집단 C는 2.71(SD = 0.155), 집단 D는 2.70(SD = 0.246)으로 나타났으며 네 집단 모두 유사한 평균값을 보였다. 내사된 조절의 경우, 집단 A는 평균 2.51(SD =

0.176), 집단 B는 2.49(SD = 0.155), 집단 C는 2.52(SD = 0.189), 집단 D는 2.53(SD = 0.204)으로 전체적으로 2.49에서 2.53 사이의 근접한 평균값을 나타냈다. 확인된 조절에 대해서는 집단 A는 평균 2.59(SD = 0.235), 집단 B는 2.53(SD = 0.117), 집단 C는 2.62(SD = 0.184), 집단 D는 2.52(SD = 0.263)로 조사되었으며 모든 집단이 평균 2.5 내외로 큰 차이를 보이지 않았다. 내적 조절은 집단 A는 평균 2.55(SD = 0.130), 집단 B는 2.52(SD = 0.147), 집단 C는 2.47(SD = 0.162), 집단 D는 2.51(SD = 0.215)로 나타나 전반적으로 유사한 수준을 유지하였다. 또한 모든 하위 변인에서 왜도와 첨도의 절댓값이 각각 ±2, ±7 미만으로 나타나 정규분포 가정을 충족하는 것으로 확인되었다. 이와 같은 결과는 실험 처치 이전에 네 집단이 자기결정성 동기의 각 하위 변인에 대해 통계적으로 동질한 상태에 있었음을 시사하며 이후 분산분석을 통한 효과 검증의 타당성을 뒷받침하는 근거가 된다.

아울러 반복측정 분산분석에서 사전 점수를 공변량으로 설정할 필요가 있는지를 확인하고자 자기결정성 동기의 사전·사후 점수 간 이변량 상관분석(Pearson correlation analysis)을 실시하였다. 분석 결과, 외적 조절을 제외한 대부분의 하위 변인에서 상관계수는 .034(내사된 조절, p = .702), .017(확인된 조절, p = .846), .011(내적 조절, p = .905)로 매우 낮았으며 통계적으로도 유의하지 않았다. 외적 조절의 경우에도 상관계수는 .186(p = .036)에 불과하여 상관 정도가 미약하였다. 이러한 결과는 사전 점수가 사후 점수에 영향을 미치지 않음을 보여 주며 공변량 설정 없이 반복측정 요인으로 간주하여 혼합설계 분산분석을 적용하는 것이 타당함을 시사한다.

〈표 3-8〉은 자기결정성 동기의 네 가지 하위 변인(외적 조절, 내사된 조절, 확인된 조절, 내적 조절)에 대한 사전검사 점수를 중심으로 실시한 일원배치분산분석(One-way ANOVA) 결과를 제시한 것이다.

〈표 3-8〉 자기결정성 동기 사전검사 점수에 대한 일원배치분산분석 결과

변량원	제곱합 (SS)	자유도 (df)	평균제곱 (MS)	F	유의확률 (p)
외적 조절	.088	3	.029	.651	.584
내사된 조절	.025	3	.008	.250	.861
확인된 조절	.237	3	.079	1.830	.145
내적 조절	.089	3	.030	1.066	.366

분석 결과, 외적 조절(F = 0.651, p = .584), 내사된 조절(F = 0.250, p = .861), 확인된 조절(F = 1.830, p = .145), 내적 조절(F = 1.066, p = .366) 모두에서 유의확률이 .05를 초과하여 통계적으로 유의미한 집단 간 차이가 없는 것으로 나타났다. 이는 실험에 참여한 네 집단이 처치 이전 단계에서 자기결정성 동기의 각 하위 변인에 대해 통계적으로 유의미한 차이가 없는 동질한 상태에 있었음을 의미하며 연구의 실험 처치 효과를 해석하는 데 있어 내적 타당성이 확보되었음을 시사한다.

② 분산분석의 가정 검정 결과

혼합설계 분산분석(Mixed-design ANOVA)을 실시하기에 앞서, 정규

성, 분산 동질성 가정 등 분석의 전제 조건을 검토하였다.

〈표 3-9〉 자기결정성 동기 차이에 대한 집단별 정규성 가정 검정 결과

변인	집단	Kolmogorov-Smirnov	유의확률 (p)	Shapiro-Wilk	유의확률 (p)
외적 조절	A	.149	.067	.945	.102
	B	.154	.051	.944	.097
	C	.115	.200	.971	.520
	D	.154	.051	.943	.092
내사된 조절	A	.115	.200	.963	.332
	B	.139	.122	.940	.074
	C	.149	.068	.950	.140
	D	.143	.093	.935	.055
확인된 조절	A	.148	.072	.947	.121
	B	.148	.074	.948	.130
	C	.140	.113	.944	.099
	D	.152	.057	.938	.066
내적 조절	A	.147	.078	.953	.172
	B	.125	.200	.972	.566
	C	.150	.064	.942	.083
	D	.148	.071	.949	.132

Kolmogorov-Smirnov 검정 및 Shapiro-Wilk 검정을 통해 각 집단의 자기결정성 동기 하위 변인(외적 조절, 내사된 조절, 확인된 조절, 내적 조절)에 대한 정규성을 확인한 결과, 〈표 3-9〉와 같이 모든 변인에서 유의확률(p)이 .05를 초과하여 정규성 가정을 충족하는 것으로 나타났다.

<표 3-10> 자기결정성 동기 차이에 대한 분산 동질성 가정 검정 결과

변인	Levene 통계량	df1	df2	유의확률 (p)
외적 조절	1.152	3	124	.331
내사된 조절	.560	3	124	.643
확인된 조절	.325	3	124	.807
내적 조절	.952	3	124	.418

Levene의 등분산성 검정을 실시한 결과, <표 3-10>과 같이 자기결정성 동기의 모든 하위 변인에서 유의확률이 .05를 초과하여 집단 간 분산의 동질성 가정이 충족되었음을 확인하였다.

한편, 반복측정 요인에 대한 구형성 가정은 측정 시점이 사전·사후의 두 시점으로만 구성되어 있어 이론적으로 구형성 가정을 자동적으로 만족하는 것으로 간주된다(Field, 2013). 따라서 본 연구에서는 구형성 검정을 별도로 수행하지 않고 자유도 조정 없이 일반적인 반복측정 분산분석 절차를 적용하였다. 본 연구에서 사용된 자기결정성 동기 관련 주요 변인들은 정규성 및 분산 동질성 등 혼합설계 분산분석의 주요 전제 조건을 모두 충족하였으며 이에 따라 후속 분석에서 모수적 통계 방법과 일반적인 F 검정을 적용하는 데에 통계적 타당성이 확보되었음을 확인할 수 있다.

③ 혼합설계 분산분석(Mixed-design ANOVA) 결과

본 연구에서는 자기주도적 AI 쓰기 프로젝트 학습에서 AI 활용 여부

와 활용 시점(2차시: 발산 사고 중심, 3차시: 수렴 사고 중심)에 따라 구분된 집단 간 차이와 사전·사후 반복측정된 자기결정성 동기 점수 간 변화를 분석하기 위해 혼합설계 분산분석(Mixed-design ANOVA)을 실시하였다. 본 연구에서 설정한 독립변수는 AI 활용 여부(집단 간 요인, Between-subjects factor)이며 종속변수는 자기결정성 동기(사전·사후 반복측정 요인, Within-subjects factor)로 설정하였다. 혼합설계 분산분석 결과, AI 활용 여부(집단 A, B, C, D)에 따라 자기결정성 동기의 수준이 통계적으로 유의미한 차이가 나타났으며 전체적으로 사후 검사에서 자기결정성 동기 수준이 유의하게 향상된 것으로 확인되었다. 특히 집단과 검사시점 간 상호작용 효과도 유의미하게 나타나 AI를 어떻게, 언제 활용하였는지에 따라 동기 변화 양상이 달랐음을 보여 준다.

〈표 3-11〉은 집단 간 요인인 AI 활용 여부 및 활용 시점과 반복측정 요인인 검사시점(사전·사후 검사)에 따른 자기결정성 동기의 변화 양상을 분석한 혼합설계 분산분석 결과를 제시한 것이다.

⟨표 3-11⟩ 자기결정성 동기 차이에 대한 혼합설계 분산분석
(Mixed-design ANOVA) 결과

변량원		제곱합 (SS)	자유도 (df)	평균제곱 (MS)	F	유의확률 (p)
집단 간						
	집단	6.531	3	2.177	69.008	< .001
	오차	3.912	124	.032		
집단 내						
	검사시점	68.925	1	68.925	2888.849	< .001
	집단 × 검사시점	6.612	3	2.204	92.373	< .001
	오차	2.958	124	.024		
총합		88.938	255	73.362		

집단 간 주효과(Between-subjects effect) 분석 결과, AI 활용 여부(집단 A, B, C, D)에 따라 학습자의 자기결정성 동기 수준에서 통계적으로 유의한 차이가 존재하는 것으로 나타났다. 이는 AI 활용 여부가 자기결정성 동기 형성에 중요한 요인으로 작용했을 가능성을 시사한다. 집단 요인의 제곱합(SS) = 6.531, 자유도(df) = 3, 평균제곱(MS) = 2.177로 분석되어 집단 간 차이가 통계적으로 유의미한 수준에서 존재하는 것으로 확인되었다(F = 69.008, p < .001). 이러한 결과는 AI 활용 여부에 따라 학습자의 자기결정성 동기 수준이 다름을 의미하며 AI 활용 여부가 학습자의 동기적 측면에 영향을 미치는 중요한 요인임을 시사한다. 검사시점의 주효과(Within-subjects effect) 분석 결과, 검사시점의 제곱합(SS) = 68.925, 자유도(df) = 1, 평균제곱(MS) = 68.925로 분석되었으며 자기결정성 동기의 모든 하위 변인에서 사전 검사 대비 사후 검사에서 유의미한

증가가 확인되었다(F = 2888.849, p < .001). 집단 × 검사시점 상호작용 효과(Interaction effect: Group × Time) 분석 결과, 집단 × 검사시점의 제곱합(SS) = 6.612, 자유도(df) = 3, 평균제곱(MS) = 2.204로 분석되어 집단과 검사시점 간의 상호작용 효과가 통계적으로 유의미한 것으로 확인되었다(F = 92.373, p < .001). 이 결과는 AI 활용 여부(집단 A, B, C, D)에 따라 사전·사후 검사에서 자기결정성 동기의 변화 양상이 다르게 나타났음을 의미한다. 즉, 자기결정성 동기의 향상 폭이나 양상은 집단별로 차이를 보였으며 이는 AI 활용 여부와 활용 시점에 따라 자기결정성 동기의 변화 패턴이 달라졌음을 시사한다.

본 연구의 결과는 AI 활용 여부(집단 간 요인)와 검사시점(집단 내 요인)은 모두 자기결정성 동기의 변화에 통계적으로 유의미한 영향을 미치는 변수로 작용하였다. 특히 집단과 시점 간의 상호작용이 유의하게 나타났다는 점은 AI 활용의 시기와 방식이 자기결정성 동기의 변화에 실질적인 차이를 만들어 낼 수 있음을 보여 준다. 이러한 결과는 AI 기반 수업이 학습자의 동기적 측면에 긍정적인 영향을 줄 수 있는 교육적 가능성을 내포하고 있으며 향후 AI 활용 교수·학습 설계에서 시의성과 맥락을 고려한 전략적 접근의 필요성을 시사한다. 따라서 AI 활용 여부 및 활용 시점에 따른 자기결정성 동기의 변화 양상을 보다 구체적으로 확인하고 각 집단 간 차이가 어떤 방식으로 나타났는지를 명확하게 분석하기 위해 Bonferroni 보정을 적용한 사후검정을 추가적으로 수행할 필요가 있다.

〈표 3-12〉는 집단 간 요인인 AI 활용 여부 및 활용 시점과 반복측정 요인인 검사시점(사전·사후 검사)이 자기결정성 동기의 하위 변인(외적 조절, 내사된 조절, 확인된 조절, 내적 조절)에 미치는 영향을 분석한 혼합

설계 분산분석(Mixed-design ANOVA) 결과를 제시한 것이다.

〈표 3-12〉 자기결정성 동기 하위 변인별 차이에 대한 혼합설계 분산분석
(Mixed-design ANOVA) 결과

하위 변인	변량원		제곱합 (SS)	자유도 (df)	평균제곱 (MS)	F	유의확률 (p)
외적 조절	집단 간						
		집단	9.119	3	3.040	44.246	〈.001
		오차	8.519	124	.069		
	집단 내						
		검사시점	48.129	1	48.129	1006.606	〈.001
		집단 × 검사시점	7.276	3	2.425	50.723	〈.001
		오차	5.929	124	.048		
	총합		78.972	255	53.711		

하위 변인	변량원		제곱합 (SS)	자유도 (df)	평균제곱 (MS)	F	유의확률 (p)
내사된 조절	집단 간						
		집단	6.329	3	2.110	41.849	〈.001
		오차	6.251	124	.050		
	집단 내						
		검사시점	71.367	1	71.367	1389.394	〈.001
		집단 × 검사시점	5.583	3	1.861	36.229	〈.001
		오차	6.369	124	.051		
	총합		95.899	255	75.439		

하위변인	변량원		제곱합(SS)	자유도(df)	평균제곱(MS)	F	유의확률(p)
확인된 조절	집단 간						
		집단	5.465	3	1.822	27.861	< .001
		오차	8.107	124	.065		
	집단 내						
		검사시점	75.292	1	75.292	1379.324	< .001
		집단 × 검사시점	6.426	3	2.142	39.239	< .001
		오차	6.769	124	.055		
	총합		102.059	255	79.376		

하위변인	변량원		제곱합(SS)	자유도(df)	평균제곱(MS)	F	유의확률(p)
내적 조절	집단 간						
		집단	6.173	3	2.058	34.461	< .001
		오차	7.404	124	.060		
	집단 내						
		검사시점	83.646	1	83.646	1739.511	< .001
		집단 × 검사시점	7.419	3	2.473	51.427	< .001
		오차	5.963	124	.048		
	총합		110.605	255	88.285		

외적 조절 변인에 미치는 영향을 분석한 결과, 집단 간 효과(F = 44.246, p < .001), 검사시점 효과(F = 1006.606, p < .001), 집단 × 검사시점 상호작용 효과(F = 50.723, p < .001)가 모두 유의미하게 나타났다. 내사된 조절 변인에 미치는 영향을 분석한 결과, 집단 간 효과(F = 41.849, p < .001), 검사시점 효과(F = 1389.394, p < .001), 집단 × 검사시점 상호작용 효과(F = 36.229, p < .001)가 모두 유의미하게 나타났다. 확인된 조절 변인에 미치는 영향을 분석한 결과, 집단 간 효과(F =

27.861, $p < .001$), 검사시점 효과(F = 1379.324, $p < .001$), 집단 × 검사시점 상호작용 효과(F = 39.239, $p < .001$)가 모두 유의미하게 나타났다. 내적 조절 변인에 미치는 영향을 분석한 결과, 집단 간 효과(F = 34.461, $p < .001$), 검사시점 효과(F = 1739.511, $p < .001$), 집단 × 검사시점 상호작용 효과(F = 51.427, $p < .001$)가 모두 유의미하게 나타났다.

이와 같은 분석 결과는 자기결정성 동기의 네 가지 하위 변인(외적 조절, 내사된 조절, 확인된 조절, 내적 조절) 모두에서 AI 활용 여부(집단 A, B, C, D) 및 검사시점(사전·사후 검사)에 따른 차이가 통계적으로 유의미한 것으로 나타났다. 특히 집단 간 효과(Between-subjects effect), 검사시점 효과(Within-subjects effect), 집단 × 검사시점 상호작용 효과(Interaction effect) 모두 $p < .001$ 수준에서 유의미한 차이를 보였으며 각 변인에서 나타난 F값이 높은 것으로 확인되었다. 이는 AI 활용 여부 및 활용 시점이 자기결정성 동기 형성에 실질적인 영향을 미쳤음을 의미한다. 특히 집단 간 효과 분석에서 AI 활용 여부에 따라 자기결정성 동기의 수준이 유의미하게 차이를 보였으며(F = 27.861~44.246, $p < .001$), 검사시점 효과 분석에서도 사전 검사 대비 사후 검사에서 자기결정성 동기가 전반적으로 증가한 것으로 나타났다(F = 1006.606~1739.511, $p < .001$). 또한 집단 × 검사시점 상호작용 효과도 유의미하게 나타나(F = 36.229~51.427, $p < .001$) AI 활용 여부 및 활용 시점에 따라 자기결정성 동기의 변화 양상이 차별적으로 나타났을 가능성을 시사한다.

본 연구에서 수행한 혼합설계 분산분석(Mixed-design ANOVA) 결과, AI 활용 여부(집단 A, B, C, D)에 따라 학습자의 자기결정성 동기 수준에 유의미한 차이가 나타났으며 실험 기간 동안 자기결정성 동기가 전반적으로 향상된 것으로 확인되었다. 특히 AI 활용 여부 및 활용 시점에 따라 자기결정성 동기의 변화 양상이 상이하게 나타났으며 그중에서도 내적 조절 변인이 AI 활용에 상대적으로 강한 효과가 나타났다. 이는 AI를 활용한 학습 경험이 학습자로 하여금 학습 과정의 의미를 자율적으로 발견하고 몰입할 수 있도록 돕는 데 효과적이었음을 시사한다. 그러나 AI 활용이 어떤 집단 간에서 더 유의미한 차이를 유발하였는지, 그리고 AI 활용 시점이 자기결정성 동기의 각 하위 변인에 미친 영향이 어떻게 달랐는지를 보다 정밀하게 파악하기 위해 사후분석이 필요하다. 이를 위해 본 연구에서는 Bonferroni 보정을 적용한 사후검정을 수행하여 집단 간 차이가 발생한 구체적인 양상을 분석하였다. 이를 통해 AI 활용이 학습자의 자기결정성 동기 형성에 미치는 영향을 보다 심층적으로 해석하고 AI 활용 시점 및 활용 빈도에 따른 차별적인 효과를 정밀하게 검토하였다.

ⓐ Bonferroni 보정을 적용한 사후검정 결과

혼합설계 분산분석(Mixed-design ANOVA) 결과에서 자기결정성 동기의 네 가지 하위 변인(외적 조절, 내사된 조절, 확인된 조절, 내적 조절)에 대해 집단 간 유의미한 차이가 나타난 것을 바탕으로 보다 정밀한 차이의 양상을 확인하기 위해 Bonferroni 보정을 적용한 사후검정을 수행하였다. Bonferroni 사후검정은 다중 비교에서 발생할 수 있는 I형 오류(Type I Error)의 증가를 방지하기 위해 유의수준(α)을 비교 횟수만큼 나누어 적용하는 방식으로 보다 엄격한 기준을 설정하여 신뢰성 높은 분석 결과를 도출할 수 있다. 본 연구에서는 AI 활용 여부(집단 A, B, C,

D) 및 활용 시점에 따른 자기결정성 동기의 평균 차이를 비교하기 위해 Bonferroni 보정을 적용하였으며 이를 통해 특정 집단 간의 차이가 통계적으로 유의미한지를 검토하였다.

〈표 3-13〉은 각 변인(외적 조절, 내사된 조절, 확인된 조절, 내적 조절)에 대해 Bonferroni 보정을 적용하여 수행한 사후검정 결과를 제시하고 있다.

〈표 3-13〉 Bonferroni 보정을 적용한 자기결정성 동기 사후검정 결과

	i	j	평균차이 (i−j)	표준오차 (SE)	유의확률 (p)
외적 조절	A	B	−.1146	.04634	.089
		C	−.2604	.04634	〈.001
		D	−.5052	.04634	〈.001
	B	A	.1146	.04634	.089
		C	−.1458	.04634	.012
		D	−.3906	.04634	〈.001
	C	A	.2604	.04634	〈.001
		B	.1458	.04634	.012
		D	−.2448	.04634	〈.001
	D	A	.5052	.04634	〈.001
		B	.3906	.04634	〈.001
		C	.2448	.04634	〈.001
내사된 조절	A	B	−.0859	.03969	.194
		C	−.2448	.03969	〈.001
		D	−.4115	.03969	〈.001
	B	A	.0859	.03969	.194
		C	−.1589	.03969	〈.001
		D	−.3255	.03969	〈.001

	i	j	평균차이 (i-j)	표준오차 (SE)	유의확률 (p)
	C	A	.2448	.03969	< .001
		B	.1589	.03969	< .001
		D	-.1667	.03969	< .001
	D	A	.4115	.03969	< .001
		B	.3255	.03969	< .001
		C	.1667	.03969	< .001
확인된 조절	A	B	-.0651	.04520	.914
		C	-.2865	.04520	< .001
		D	-.3490	.04520	< .001
	B	A	.0651	.04520	.914
		C	-.2214	.04520	< .001
		D	-.2839	.04520	< .001
	C	A	.2865	.04520	< .001
		B	.2214	.04520	< .001
		D	-.0625	.04520	1.000
	D	A	.3490	.04520	< .001
		B	.2839	.04520	< .001
		C	.0625	.04520	1.000
내적 조절	A	B	-.0964	.04320	.165
		C	-.1719	.04320	< .001
		D	-.4193	.04320	< .001
	B	A	.0964	.04320	.165
		C	-.0755	.04320	.497
		D	-.3229	.04320	< .001
	C	A	.1719	.04320	< .001
		B	.0755	.04320	.497
		D	-.2474	.04320	< .001
	D	A	.4193	.04320	< .001
		B	.3229	.04320	< .001
		C	.2474	.04320	< .001

Bonferroni 보정을 적용한 자기결정성 동기 사후검정 결과를 살펴보면, 외적 조절 변인과 내사된 조절 변인에서 AI 활용 집단 D가 AI 미활용 집단 A보다 높은 점수를 나타냈다. 이는 본 연구에서 외적 조절 변인과 내사된 조절 변인에 대해 역배점(reverse scoring)을 적용하였기 때문이며 점수가 높을수록 자기결정성이 높아지는 방향으로 해석해야 한다. 즉, 본 연구의 결과는 AI를 활용한 집단이 AI를 활용하지 않은 집단보다 자기결정성이 높은 경향을 보였다는 점을 시사한다.

외적 조절 변인의 경우, AI를 활용하지 않은 집단 A와 AI를 활용한 집단 C(3차시 활용), 집단 D(2+3차시 활용) 간의 차이가 통계적으로 유의미한 것으로 나타났다. 집단 A - 집단 C(M = -0.2604, $p < .001$), 집단 A - 집단 D(M = -0.5052, $p < .001$)로 분석되었으며, 이는 AI 활용 집단이 AI를 활용하지 않은 집단보다 외적 조절 수준이 유의미하게 낮았음을 의미한다. 또한 집단 B(2차시 활용)와 집단 C(3차시 활용), 집단 D(2+3차시 활용) 간에도 유의미한 차이가 확인되었다. 집단 B - 집단 C(M = -0.1458, $p = .012$), 집단 B - 집단 D(M = -0.3906, $p < .001$)로 분석되었다. 특히 집단 D(2+3차시 활용)의 외적 조절 수준이 가장 낮았으며 모든 비교에서 유의미한 차이를 보였다. 집단 D와 다른 집단 간의 차이를 살펴보면, 집단 D - 집단 A(M = 0.5052, $p < .001$), 집단 D - 집단 B(M = 0.3906, $p < .001$), 집단 D - 집단 C(M = 0.2448, $p < .001$)로 나타났으며, 이는 AI 활용 시간이 증가할수록 학습자가 외적 보상에 의존하는 정도가 줄어드는 경향을 보여 준다. 내사된 조절 변인에서도 유사한 경향이 확인되었다. AI를 활용한 집단 B(2차시 활용), 집단 C(3차시 활용), 집단 D(2+3차시 활용)가 AI를 활용하지 않은 집단 A보다 내사된 조절

수준이 낮은 경향을 보였다. 다만, 집단 A와 집단 B 간의 평균 차이(M = -0.0859, ρ = .194)는 통계적으로 유의미하지 않았으며, 이는 2차시에만 AI를 활용한 경험은 내사된 조절 수준을 유의하게 변화시키는 데에 충분하지 않았음을 시사한다. 반면, AI를 활용한 집단 B, C, D 간의 차이가 통계적으로 유의미한 것으로 나타났다. 집단 A - 집단 C(M = -0.2448, $\rho <$ .001), 집단 A - 집단 D(M = -0.4115, $\rho <$ .001)로 분석되었다. 이는 AI를 활용한 학습 집단에서 내사된 조절 수준이 유의미하게 낮았음을 의미하며 AI 활용 여부가 증가할수록 학습자가 내사된 조절을 덜 경험하는 경향이 나타났음을 시사한다. 또한 집단 D(2+3차시 활용)의 내사된 조절 수준이 가장 낮았으며 모든 비교에서 유의미한 차이를 보였다. 집단 D와 다른 집단 간의 차이를 살펴보면, 집단 D - 집단 A(M = 0.4115, $\rho <$ .001), 집단 D - 집단 B(M = 0.3255, $\rho <$ .001), 집단 D - 집단 C(M = 0.1667, $\rho <$ .001)로 나타났으며, 이는 AI 활용 시간이 길어질수록 학습자가 자기주도성을 강화하는 방향으로 변화하고 있음을 의미한다. 확인된 조절 변인의 경우, AI를 활용한 집단 B(2차시 활용), 집단 C(3차시 활용), 집단 D(2+3차시 활용)와 AI를 활용하지 않은 집단 A 간의 차이를 분석한 결과, 일부 집단 간에는 통계적으로 유의미한 차이가 나타났으나 일부 비교에서는 유의미하지 않은 차이도 확인되었다. 집단 A - 집단 B(M = -0.0651, ρ = .914), 집단 A - 집단 C(M = -0.2865, $\rho <$ .001), 집단 A - 집단 D(M = -0.3490, $\rho <$ .001)로 분석되었다. 집단 A와 집단 B 간의 평균 차이(M = -0.0651, ρ = .914)는 통계적으로 유의하지 않아 2차시(수렴적 사고 중심)에서의 AI 활용만으로는 확인된 조절 수준에 유의미한 변화를 유발하지 못했음을 시사한다. 반면, 집단 A와 집단 C 간

의 평균 차이(M = -.0.2865, ρ < .001), 집단 A와 집단 D 간 평균 차이(M = -.0.3490, ρ < .001)로 나타나 3차시 이상에서 AI를 활용한 집단은 AI를 활용하지 않은 집단에 비해 학습활동의 가치를 더 명확히 인식하고 자기결정성이 강화된 것으로 보인다. 또한 집단 D(2+3차시 활용)의 확인된 조절 수준이 전체 집단 중 가장 높게 나타났으며 대부분의 비교 집단과 통계적으로 유의미한 차이를 보였다. 집단 D - 집단 A(M = 0.3490, ρ < .001), 집단 D - 집단 B(M = 0.2839, ρ < .001)는 모두 유의미하였으나, 집단 D - 집단 C(M = 0.0625, ρ = 1000)는 통계적으로 유의미하지 않았다. 즉, AI를 3차시에만 활용한 집단 C와 2차시와 3차시 모두 활용한 집단 D 간에는 확인된 조절 수준에서 유의미한 차이가 나타나지 않았다. 내적 조절 변인의 경우, AI 활용 여부에 따라 내적 조절 점수에서 유의미한 차이가 확인되었다. 특히 AI를 활용하지 않은 집단 A와 AI를 활용한 집단 C, 집단 D 간의 차이는 통계적으로 유의미한 것으로 나타났다. 구체적으로 집단 A와 집단 C 간 평균 차이(M = -0.1719, ρ < .001), 집단 A와 집단 D 간 평균 차이(M = -0.4193, ρ < .001)로 분석되었으며, 이는 AI를 3차시(수렴적 사고 중심)에서 활용하거나 반복적으로 활용한 집단일수록 내적 조절 수준이 유의미하게 높아졌음을 시사한다. 반면, 집단 A와 집단 B 간 평균 차이(M = -0.0964, ρ = .165)로 통계적으로 유의미하지 않았으며 집단 B와 집단 C 간 평균 차이(M = -0.0755, ρ = .497)도 유의미하지 않았다. 또한 집단 D(2+3차시 활용)의 내적 조절 수준이 가장 높았으며 모든 비교 집단과 통계적으로 유의미한 차이를 보였다. 집단 D - 집단 A(M = 0.4193, ρ < .001), 집단 D - 집단 B(M = 0.3229, ρ < .001), 집단 D - 집단 C(M = 0.2474, ρ < .001)로 나타났으며, 이는 AI를 학습 과

정에서 지속적으로 활용한 학습자일수록 학습 활동 그 자체에 대한 만족감과 흥미를 높게 인식하며 자발적 학습 동기가 강화되었음을 의미한다. 특히 내적 조절 변인의 경우, 집단 B(2차시 활용)와 집단 A 간에는 유의미한 차이가 나타나지 않았으나 집단 C(3차시 활용)와 집단 D(2+3차시 활용)는 집단 A와 유의미한 차이를 보였다. 이는 AI 활용이 3차시(수렴적 사고 중심)에서 활용하거나 반복적이고 지속적으로 이루어질 때 내적 조절을 촉진할 가능성이 높음을 시사한다.

결과적으로, 자기결정성 동기의 네 가지 하위 변인(외적 조절, 내사된 조절, 확인된 조절, 내적 조절) 모두에서 AI 활용 여부와 검사시점에 따른 유의미한 차이가 확인되었다. 특히 자기주도적 AI 쓰기 프로젝트의 내용 생성 단계(2~3차시)에서 AI 활용 여부 및 활용 시점에 따라 집단 간 자기결정성 동기 수준이 뚜렷하게 구분되었으며 이는 AI의 교육적 효과를 뒷받침하는 실증적 근거로 작용한다. Bonferroni 사후분석 결과, 외적 조절과 내사된 조절 변인에서는 AI를 가장 적극적으로 활용한 집단 D(2+3차시 활용)가 가장 높은 수준의 자기결정성을 보였으며 AI 활용 빈도와 지속성이 증가할수록 자기결정성 수준이 향상되는 경향이 전반적으로 나타났다. 특히 외적 조절의 경우, 집단 D 〉 집단 C 〉 집단 B 〉 집단 A 순으로 모든 집단 간에서 통계적으로 유의미한 차이가 일관되게 확인되어 AI 활용이 학습자의 외적 동기 의존을 줄이는 데 효과적임을 시사한다. 내적 조절 변인에서도 집단 D의 점수가 가장 높았으며 모든 비교 집단과의 차이가 통계적으로 유의미하였다. 이는 AI 활용 경험이 학습자의 내적 흥미와 자발적 학습 참여를 촉진하는 데 기여했음을 보여 준다. 내사된 조절 변인의 경우, 집단 A와 집단 B 간에는 통계적으로 유의미한 차이가 나타나지 않았으며 이는 2차시에만 AI를 활용한 경험이 내사된 조절을 변화시키기에 충분하지 않았음을 시사한다. 확인된 조절 변인에서도 집단 C와 집단 D 간 차이는 통계적으로 유의미하지 않아 확인된 조절 수준 향상에는 AI 활용 횟수보다는 활용의 질과 맥락이 더 중요한 변인이 될 가능성이 있다.

2) 내용 생성에서 AI 활용이 창의적 자기효능감에 미치는 영향

① 창의적 자기효능감 사전·사후검사 점수의 기술통계 및 집단 간 동질성 검정

본 연구에서는 내용 생성에서 AI 활용이 창의적 자기효능감에 미치는 영향을 분석하기 위하여 혼합설계 분산분석(Mixed-design ANOVA)을 실시하였다. 분석을 수행하기에 앞서 창의적 자기효능감의 하위 변인(창의적 사고 효능감, 창의적 수행 효능감)에 대한 사전 점수의 기술통계를 제시하고 사전 점수에 대한 집단 간 동질성 여부를 확인하고자 일원배치 분산분석(One-way ANOVA)을 실시하였다.

〈표 3-14〉 창의적 자기효능감 사전·사후검사 기술통계 결과

변인	집단	N	사전				사후				사전·사후 상관 (r)	유의확률 (p)
			평균 (M)	표준편차 (SD)	왜도	첨도	평균 (M)	표준편차 (SD)	왜도	첨도		
창의적 사고 효능감	A	32	2.60	.143	.508	1.092	3.01	.163	-.036	-.709	.138	.121
	B	32	2.57	.124	.341	.504	3.26	.158	.195	-.611		
	C	32	2.64	.114	.589	-.631	3.67	.219	.088	-.450		
	D	32	2.62	.140	.706	.447	3.90	.224	-.123	-.333		
창의적 수행 효능감	A	32	2.64	.180	.255	.011	3.10	.148	.104	-.045	.108	.224
	B	32	2.63	.158	.298	.560	3.26	.163	.008	-.019		
	C	32	2.71	.146	.063	-.359	3.54	.237	-.490	.715		
	D	32	2.65	.152	.329	.700	3.91	.188	-.064	-.648		

〈표 3-14〉는 창의적 자기효능감의 하위 변인에 대한 사전·사후검사의 기술통계 결과로, 사전검사 점수는 실험 처치 이전 네 집단 간 사전동질성 검정의 기초 자료로 활용되었다. 창의적 사고 효능감의 경우, 집단 A는 평균 2.60(SD = 0.143), 집단 B는 2.57(SD = 0.124), 집단 C는 2.64(SD = 0.114), 집단 D는 2.62(SD = 0.140)로 나타났으며 네 집단 모두 유사한 평균값을 보였다. 창의적 수행 효능감의 경우, 집단 A는 평균 2.64(SD = 0.180), 집단 B는 2.63(SD = 0.158), 집단 C는 2.71(SD = 0.146), 집단 D는 2.65(SD = 0.152)로 전체적으로 2.63에서 2.71 사이의 근접한 평균값을 나타냈다. 또한 모든 하위 변인에서 왜도와 첨도의 절댓값이 각각 ±2, ±7 미만으로 나타나 정규분포 가정을 충족하는 것으로 확인되었다. 이와 같은 결과는 실험 처치 이전에 네 집단이 창의적 자기효능감의 각 하위 변인에 대해 통계적으로 동질한 상태에 있었음을 시사하며 이후 분산분

석을 통한 효과 검증의 타당성을 뒷받침하는 근거가 된다.

아울러 반복측정 분산분석에서 사전 점수를 공변량으로 설정할 필요가 있는지를 확인하고자 창의적 자기효능감의 사전·사후 점수 간 이변량 상관분석(Pearson correlation analysis)을 실시하였다. 분석 결과, 창의적 사고 효능감과 창의적 수행 효능감 모두에서 상관계수는 각각 .138(창의적 사고 효능감, p = .121), .108(창의적 수행 효능감, p = .224)로 매우 낮았으며 통계적으로도 유의하지 않았다. 이러한 결과는 사전 점수가 사후 점수에 영향을 미치지 않음을 보여 주며 공변량 설정 없이 반복측정 요인으로 간주하여 혼합설계 분산분석을 적용하는 것이 타당함을 시사한다.

〈표 3-15〉는 창의적 자기효능감의 두 가지 하위 변인(창의적 사고 효능감, 창의적 수행 효능감)에 대한 사전검사 점수를 중심으로 실시한 일원배치분산분석(One-way ANOVA) 결과를 제시한 것이다.

〈표 3-15〉 창의적 자기효능감 사전검사 점수에 대한 일원배치분산분석 결과

변량원	제곱합 (SS)	자유도 (df)	평균제곱 (MS)	F	유의확률 (p)
창의적 사고 효능감	.090	3	.030	1.743	.162
창의적 수행 효능감	.145	3	.048	1.882	.136

분석 결과, 창의적 사고 효능감(F = 1.743, p = .162), 창의적 수행 효능감(F = 1.882, p = .136) 모두에서 유의확률이 .05를 초과하여 통계적으

로 유의미한 집단 간 차이가 없는 것으로 나타났다. 이는 실험에 참여한 네 집단이 처치 이전 단계에서 창의적 자기효능감의 각 하위 변인에 대해 통계적으로 유의미한 차이가 없는 동질한 상태에 있었음을 의미하며 연구의 실험 처치 효과를 해석하는 데 있어 내적 타당성이 확보되었음을 시사한다.

② 분산분석의 가정 검정 결과

혼합설계 분산분석(Mixed-design ANOVA)을 실시하기에 앞서, 정규성, 분산 동질성 가정 등 분석의 전제 조건을 검토하였다.

〈표 3-16〉 창의적 자기효능감 차이에 대한 집단별 정규성 가정 검정 결과

변인	집단	Kolmogorov-Smirnov	유의확률 (p)	Shapiro-Wilk	유의확률 (p)
창의적 사고 효능감	A	.152	.058	.949	.131
	B	.146	.081	.935	.055
	C	.137	.135	.961	.288
	D	.151	.063	.963	.329
창의적 수행 효능감	A	.139	.117	.964	.353
	B	.146	.082	.974	.605
	C	.124	.200	.967	.428
	D	.143	.094	.956	.217

Kolmogorov-Smirnov 검정 및 Shapiro-Wilk 검정을 통해 각 집단의 창의적 자기효능감 하위 변인(창의적 사고 효능감, 창의적 수행 효능감)에 대한 정규성을 확인한 결과, 〈표 3-16〉과 같이 모든 변인에서 유의확률(p)이 .05를 초과하여 정규성 가정을 충족하는 것으로 나타났다.

〈표 3-17〉 창의적 자기효능감 차이에 대한 분산 동질성 가정 검정 결과

변인	Levene 통계량	df1	df2	유의확률 (p)
창의적 사고 효능감	1.626	3	124	.187
창의적 수행 효능감	1.834	3	124	.144

Levene의 등분산성 검정을 실시한 결과, 〈표 3-17〉과 같이 창의적 자

기효능감의 모든 하위 변인에서 유의확률이 .05를 초과하여 집단 간 분산의 동질성 가정이 충족되었음을 확인하였다.

한편, 반복측정 요인에 대한 구형성 가정은 측정 시점이 사전·사후의 두 시점으로만 구성되어 있어 이론적으로 구형성 가정을 자동적으로 만족하는 것으로 간주된다(Field, 2013). 따라서 본 연구에서는 구형성 검정을 별도로 수행하지 않고 자유도 조정 없이 일반적인 반복측정 분산분석 절차를 적용하였다. 본 연구에서 사용된 창의적 자기효능감 관련 주요 변인들은 정규성 및 분산 동질성 등 혼합설계 분산분석의 주요 전제 조건을 모두 충족하였으며 이에 따라 후속 분석에서 모수적 통계 방법과 일반적인 F 검정을 적용하는 데에 통계적 타당성이 확보되었음을 확인할 수 있다.

③ 혼합설계 분산분석(Mixed-design ANOVA) 결과

본 연구에서는 자기주도적 AI 쓰기 프로젝트 학습에서 AI 활용 여부(집단 A, B, C, D)와 활용 시점(2차시: 발산 사고 중심, 3차시: 수렴 사고 중심)에 따라 구분된 집단 간 차이와 사전·사후 반복측정된 창의적 자기효능감 점수 간 변화를 분석하기 위해 혼합설계 분산분석(Mixed-design ANOVA)을 실시하였다. 본 연구에서 설정한 독립변수는 AI 활용 여부(집단 간 요인, Between-subjects factor)이며 종속변수는 창의적 자기효능감(사전·사후 반복측정 요인, Within-subjects factor)으로 설정하였다. 혼합설계 분산분석 결과, AI 활용 여부(집단 A, B, C, D)에 따라 창의적 자기효능감 수준에 통계적으로 유의미한 차이가 나타났으며 전체적으로 사후 검사에서 창의적 자기효능감 수준이 유의하게 향상된 것으로 확인되었다. 특히 집단과 검사시점 간 상호작용 효과도 유의미하게 나타나 AI를 어떻게, 언제 활용하였는지에 따라 창의적 자기효능감의 변화 양상이 달랐음을 보여 준다.

〈표 3-18〉은 집단 간 요인인 AI 활용 여부 및 활용 시점과 반복측정 요인인 검사시점(사전·사후 검사)에 따른 창의적 자기효능감의 변화 양상을 분석한 혼합설계 분산분석 결과를 제시한 것이다.

〈표 3-18〉 창의적 자기효능감 차이에 대한 혼합설계 분산분석 (Mixed-design ANOVA) 결과

변량원	제곱합 (SS)	자유도 (df)	평균제곱 (MS)	F	유의확률 (p)
집단 간					
집단	7.564	3	2.521	107.548	〈 .001
오차	2.907	124	.023		
집단 내					
검사시점	43.432	1	43.432	2046.411	〈 .001
집단 × 검사시점	6.190	3	2.063	97.219	〈 .001
오차	2.632	124	.021		
총합	62.725	255	48.060		

집단 간 주효과(Between-subjects effect) 분석 결과, AI 활용 여부(집단 A, B, C, D)에 따라 학습자의 창의적 자기효능감 수준에서 통계적으로 유의한 차이가 존재하는 것으로 나타났다. 이는 AI 활용 여부가 창의적 자기효능감 형성에 중요한 요인으로 작용했을 가능성을 시사한다. 집단 요인의 제곱합(SS) = 7.564, 자유도(df) = 3, 평균제곱(MS) = 2.521로

분석되어 집단 간 차이가 통계적으로 유의미한 수준에서 존재하는 것으로 확인되었다(F = 107.548, p < .001). 이러한 결과는 AI 활용 여부에 따라 학습자의 창의적 자기효능감 수준이 다름을 의미하며 AI 활용 여부가 학습자의 창의적 신념과 자기신뢰 형성에 미치는 중요한 요인임을 시사한다. 검사시점의 주효과(Within-subjects effect) 분석 결과, 제곱합(SS) = 43.432, 자유도(df) = 1, 평균제곱(MS) = 43.432로 분석되었으며 창의적 자기효능감의 모든 하위 변인에서 사전 검사 대비 사후 검사에서 유의미한 증가가 확인되었다(F = 2046.411, p < .001). 집단 × 검사시점의 상호작용 효과(Interaction effect: Group ×Time) 분석 결과, 집단 × 검사시점의 제곱합(SS) = 6.190, 자유도(df) = 3, 평균제곱(MS) = 2.063로 분석되어 집단과 검사시점 간의 상호작용 효과가 통계적으로 유의미한 것으로 확인되었다(F = 97.219, p < .001). 이 결과는 AI 활용 여부(집단 A, B, C, D)에 따라 사전·사후 검사에서 창의적 자기효능감의 변화 양상이 다르게 나타났음을 의미한다. 즉, 창의적 자기효능감의 향상 폭이나 양상은 집단별로 차이를 보였으며 이는 AI 활용 여부와 활용 시점에 따라 창의적 자기효능감의 변화 패턴이 달라졌음을 시사한다.

본 연구의 결과는 AI 활용 여부(집단 간 요인)와 검사시점(집단 내 요인)은 모두 창의적 자기효능감의 변화에 통계적으로 유의미한 영향을 미치는 변수로 작용하였다. 특히 집단과 시점 간의 상호작용이 유의하게 나타났다는 점은 AI 활용의 시기와 방식이 창의적 자기효능감 향상에 실질적인 차이를 만들어 낼 수 있음을 보여 준다. 이러한 결과는 AI 기반 수업이 학습자의 창의성 신념과 자기효능감 증진에 긍정적 영향을 줄 수 있는 교육적 가능성을 내포하고 있으며 향후 AI 활용 교수·학습 설계에서 시의성과 맥락을 고려한 전략적 접근의 필요성을 시사한다. 따라서 AI 활용 여부 및 활용 시점에 따른 창의적 자기효능감의 변화 양상을 보다 구체적으로 확인하고 각 집단 간 차이가 어떤 방식으로 나타났는지를 명확하게 분석하기 위해 Bonferroni 보정을 적용한 사후검정을 추가적으로 수행할 필요가 있다.

〈표 3-19〉는 집단 간 요인인 AI 활용 여부 및 활용 시점과 반복측정 요인인 검사시점(사전·사후 검사)이 창의적 자기효능감의 하위 변인(창의적 사고 효능감, 창의적 수행 효능감)에 미치는 영향을 분석한 혼합설계 분산분석(Mixed-design ANOVA) 결과를 제시한 것이다.

〈표 3-19〉 창의적 자기효능감 하위 변인별 차이에 대한 혼합설계 분산분석 (Mixed-design ANOVA) 결과

하위 변인	변량원		제곱합 (SS)	자유도 (df)	평균제곱 (MS)	F	유의확률 (p)
창의적 사고 효능감	집단 간						
		집단	8.661	3	2.887	103.127	< .001
		오차	3.471	124	.028		
	집단 내						
		검사시점	46.316	1	46.316	1722.541	< .001
		집단 × 검사시점	6.955	3	2.318	86.225	< .001
		오차	3.334	124	.027		
	총합		68.737	255	51.576		

하위 변인	변량원		제곱합 (SS)	자유도 (df)	평균제곱 (MS)	F	유의확률 (p)
창의적 수행 효능감	집단 간						
		집단	6.609	3	2.203	66.547	< .001
		오차	4.105	124	.033		
	집단 내						
		검사시점	40.641	1	40.641	1468.114	< .001
		집단 × 검사시점	5.679	3	1.893	68.381	< .001
		오차	3.433	124	.028		
	총합		60.467	255	44.798		

창의적 사고 효능감 변인에 미치는 영향을 분석한 결과, 집단 간 효과(F = 103.127, p < .001), 검사시점 효과(F = 1722.541, p < .001), 집단 × 검사시점 상호작용 효과(F = 86.225, p < .001)가 모두 통계적으로 유의미하게 나타났다. 창의적 수행 효능감 변인에 미치는 영향을 분석한 결과, 집단 간 효과(F = 66.547, p < .001), 검사시점 효과(F = 1468.114, p < .001), 집단 × 검사시점 상호작용 효과(F = 68.381, p < .001)가 모두 유의미하였다.

이와 같은 분석 결과는 창의적 자기효능감의 두 하위 변인(창의적 사고 효능감, 창의적 수행 효능감) 모두에서 AI 활용 여부(집단 A, B, C, D) 및 검사시점(사전·사후 검사)에 따른 차이가 통계적으로 유의미한 것으로 나타났다. 특히 집단 간 효과(Between-subjects effect), 검사시점 효과(Within-subjects effect), 집단 × 검사시점 상호작용 효과(Interaction effect) 모두 p < .001 수준에서 유의미한 차이를 보였으며 각 변인에서 나타난 F값이 높은 것으로 확인되었다. 이는 AI 활용 여부 및 활용 시점

이 창의적 자기효능감 향상에 실질적인 영향을 미쳤음을 의미한다. 특히 집단 간 효과 분석에서 AI 활용 여부에 따라 창의적 자기효능감의 수준이 유의미하게 차이를 보였으며($F = 66.547~103.127$, $p < .001$), 검사시점 효과에서는 사전 검사 대비 사후 검사에서 창의적 자기효능감이 전반적으로 증가한 것으로 나타났다($F = 1468.114~1722.541$, $p < .001$). 또한 집단 × 검사시점 상호작용 효과도 유의미하게 나타나($F = 68.381~86.225$, $p < .001$) AI 활용 여부 및 활용 시점에 따라 창의적 자기효능감의 변화 양상이 차별적으로 나타났을 가능성을 시사한다.

본 연구에서 수행한 혼합설계 분산분석(Mixed-design ANOVA) 결과, AI 활용 여부(집단 A, B, C, D)에 따라 학습자의 창의적 자기효능감 수준에 유의미한 차이가 나타났으며 실험 기간 동안 창의적 자기효능감이 전반적으로 향상된 것으로 확인되었다. 그러나 AI 활용이 어떤 집단 간에서 더 유의미한 차이를 유발하였는지, 그리고 AI 활용 시점이 창의적 자기효능감의 각 하위 변인에 미친 영향이 어떻게 달랐는지를 보다 정밀하게 파악하기 위해 사후분석이 필요하다. 이를 위해 본 연구에서는 Bonferroni 보정을 적용한 사후검정을 수행하여 집단 간 차이가 발생한 구체적인 양상을 분석하였다. 이를 통해 AI 활용이 학습자의 창의적 자기효능감 향상에 미치는 영향을 보다 심층적으로 해석하고 AI 활용 시점 및 빈도에 따른 차별적인 효과를 정밀하게 검토하였다.

④ Bonferroni 보정을 적용한 사후검정 결과

혼합설계 분산분석(Mixed-design ANOVA) 결과에서 창의적 자기효능감의 두 하위 변인(창의적 사고 효능감, 창의적 수행 효능감)에 대해 집단 간 유의미한 차이가 나타난 것을 바탕으로 보다 정밀한 차이의 양상을 확인하기 위해 Bonferroni 보정을 적용한 사후검정을 수행하였다. Bonferroni 사후검정은 다중 비교에서 발생할 수 있는 I형 오류(Type I Error)의 증가를 방지하기 위해 유의수준(α)을 비교 횟수만큼 나누어 적용하는 방식으로 보다 엄격한 기준을 설정하여 신뢰성 높은 분석 결과를 도출할 수 있다. 본 연구에서는 AI 활용 여부(집단 A, B, C, D) 및 활용 시점에 따른 창의적 자기효능감의 평균 차이를 비교하기 위해 Bonferroni 보정을 적용하였으며 이를 통해 특정 집단 간의 차이가 통계적으로 유의미한지를 검토하였다.

〈표 3-20〉은 각 변인(창의적 사고 효능감, 창의적 수행 효능감)에 대해 Bonferroni 보정을 적용하여 수행한 사후검정 결과를 제시하고 있다.

〈표 3-20〉 Bonferroni 보정을 적용한 창의적 자기효능감 사후검정 결과

i		j	평균차이 (i-j)	표준오차 (SE)	유의확률 (p)
창의적 사고 효능감	A	B	-.1111	.02958	.002
		C	-.3507	.02958	< .001
		D	-.4618	.02958	< .001
	B	A	.1111	.02958	.002
		C	-.2396	.02958	< .001
		D	-.3507	.02958	< .001
	C	A	.3507	.02958	< .001
		B	.2396	.02958	< .001
		D	-.1111	.02958	.002
	D	A	.4618	.02958	< .001
		B	.3507	.02958	< .001
		C	.1111	.02958	.002
창의적 수행 효능감	A	B	-.0710	.03216	.174
		C	-.2571	.03216	< .001
		D	-.4105	.03216	< .001
	B	A	.0710	.03216	.174
		C	-.1861	.03216	< .001
		D	-.3395	.03216	< .001
	C	A	.2571	.03216	< .001
		B	.1861	.03216	< .001
		D	-.1534	.03216	< .001
	D	A	.4105	.03216	< .001
		B	.3395	.03216	< .001
		C	.1534	.03216	< .001

창의적 사고 효능감 변인의 경우, 집단 간 모든 비교에서 유의미한 차이가 확인되었다. 특히 AI를 가장 적극적으로 활용한 집단 D(2+3차시 활용)가 가장 높은 창의적 사고 효능감을 보였으며 집단 간 비교에서 모두

통계적으로 유의미한 차이를 나타냈다. 집단 A - 집단 D(M = -0.4618, p < .001), 집단 B - 집단 D(M = -0.3507, p < .001), 집단 C - 집단 D(M = -0.1111, p = .002)로 나타났다. 이는 AI 활용의 빈도와 지속성이 증가할수록 학습자의 창의적 사고 효능감이 점진적으로 향상되었음을 시사한다. 또한 집단 간 비교 결과는 집단 D 〉 집단 C 〉 집단 B 〉 집단 A로 자기주도적 AI 쓰기 프로젝트 학습이 학습자의 창의적 사고에 대한 자신감을 높이는 데 효과적임을 보여 준다. 창의적 수행 효능감 변인의 경우, 유사한 경향이 나타났으나 일부 비교에서는 통계적으로 유의미한 차이가 확인되지 않았다. 집단 A와 집단 B 간의 평균 차이(M = -0.0710, p = .174)는 통계적으로 유의미하지 않았으며, 이는 2차시(발산적 사고 중심)의 AI 활용만으로는 창의적 수행 효능감에 충분한 영향을 주기 어려웠음을 의미한다. 반면, 집단 A - 집단 C(M = -0.2571, p < .001), 집단 A - 집단 D(M = -0.4105, p < .001), 집단 B - 집단 D(M = -0.3395, p < .001) 등의 비교에서는 통계적으로 유의미한 차이가 확인되었다. 이는 AI를 지속적으로 활용한 학습 경험이 창의적 수행에 대한 자신감을 강화하는 데 실질적인 영향을 주었음을 시사한다.

결과적으로, 창의적 자기효능감의 두 하위 변인(창의적 사고 효능감, 창의적 수행 효능감) 모두에서 AI 활용 여부 및 검사시점에 따른 유의미한 차이가 확인되었다. 특히 자기주도적 AI 쓰기 프로젝트의 내용 생성 단계(2~3차시)에서 AI 활용 여부 및 활용 시점에 따라 집단 간 창의적 자기효능감 수준이 뚜렷하게 구분되었으며 이는 AI의 교육적 효과를 뒷받침하는 실증적 근거로 작용한다.

3) 내용 생성에서 AI 활용이 글쓰기 성취도(글 결과물 질)에 미치는 영향

① 글쓰기 성취도 사전·사후검사 점수의 기술통계 및 집단 간 동질성 검정

본 연구에서는 내용 생성에서 AI 활용이 글쓰기 성취도(글 결과물의 질)에 미치는 영향을 분석하기 위하여 혼합설계 분산분석(Mixed-design ANOVA)을 실시하였다. 분석을 수행하기에 앞서 글쓰기 성취도의 하위 변인(내용, 조직, 표현)에 대한 사전 점수의 기술통계를 제시하고 사전 점수에 대한 집단 간 동질성 여부를 확인하고자 일원배치분산분석(One-way ANOVA)을 실시하였다.

〈표 3-21〉 글쓰기 성취도 사전·사후검사 기술통계 결과

변인	집단	N	사전 평균 (M)	사전 표준편차 (SD)	사전 왜도	사전 첨도	사후 평균 (M)	사후 표준편차 (SD)	사후 왜도	사후 첨도	사전·사후 상관 (r)	유의확률 (p)
내용	A	32	2.74	.169	-.023	-.016	3.10	.199	.073	-.352	.122	.171
	B	32	2.72	.189	.339	.361	3.37	.270	-.018	-.113		
	C	32	2.76	.183	.009	.420	3.79	.286	.061	-.131		
	D	32	2.77	.196	-.338	1.107	4.58	.232	-.991	.809		
조직	A	32	2.68	.204	.146	.093	3.54	.328	-.338	.343	.031	.728
	B	32	2.63	.279	.272	-.255	3.90	.260	.348	.404		
	C	32	2.67	.241	.163	-.556	4.02	.340	-.156	-.879		
	D	32	2.68	.282	-.643	1.322	4.31	.316	-.815	.665		
표현	A	32	2.71	.262	.331	-.584	3.68	.444	.037	-.410	.055	.540
	B	32	2.68	.364	-.930	.998	4.03	.354	-.149	-.383		
	C	32	2.74	.280	-.668	.238	4.20	.378	.100	-.493		
	D	32	2.75	.376	-.270	-.507	4.25	.378	-.333	-.378		

〈표 3-21〉은 글쓰기 성취도의 하위 변인에 대한 사전·사후검사의 기술통계 결과로, 사전검사 점수는 실험 처치 이전 네 집단 간 사전동질성 검정의 기초 자료로 활용되었다. 내용 변인의 경우, 집단 A는 평균 2.74(SD = 0.169), 집단 B는 2.72(SD = 0.189), 집단 C는 2.76(SD = 0.183), 집단 D는 2.77(SD = 0.196)로 나타났으며 네 집단 모두 유사한 평균값을 보였다. 조직 변인의 경우, 집단 A는 평균 2.68(SD = 0.204), 집단 B는 2.63(SD = 0.279), 집단 C는 2.67(SD = 0.241), 집단 D는 2.68(SD = 0.282)로 전체적으로 2.63~2.68 사이의 근접한 평균값을 나타냈다. 표현 변인의 경우, 집단 A는 평균 2.71(SD = 0.262), 집단 B는 2.68(SD = 0.364), 집단 C는 2.74(SD = 0.280), 집단 D는 2.75(SD = 0.376)로 확인되어 큰 차이를 보이지 않았다. 또한 모든 하위 변인에서 왜도와 첨도의 절댓값이 각각 ±2, ±7 미만으로 나타나 정규분포 가정을 충족하는 것으로 확인되었다. 이와 같은 결과는 실험 처치 이전에 네 집단이 글쓰기 성취도의 각 하위 변인에 대해 통계적으로 동질한 상태에 있었음을 시사하며 이후 분산분석을 통한 효과 검증의 타당성을 뒷받침하는 근거가 된다.

아울러 반복측정 분산분석에서 사전 점수를 공변량으로 설정할 필요가 있는지를 확인하고자 글쓰기 성취도의 사전·사후 점수 간 이변량 상관분석(Pearson correlation analysis)을 실시하였다. 분석 결과, 글쓰기 내용, 조직, 표현의 세 하위 영역 모두에서 상관계수는 각각 .122(내용, p = .171), .031(조직, p = .728), .055(표현, p = .540)로 매우 낮았으며 통계적으로도 유의하지 않았다. 이러한 결과는 사전 점수가 사후 점수에 영향을 미치지 않음을 보여 주며 공변량 설정 없이 반복측정 요인으로 간주하여 혼합설계 분산분석을 적용하는 것이 타당함을 시사한다.

〈표 3-22〉는 글쓰기 성취도의 세 가지 하위 변인(내용, 조직, 표현)에 대한 사전검사 점수를 중심으로 실시한 일원배치분산분석(One-way ANOVA) 결과를 제시한 것이다.

〈표 3-22〉 글쓰기 성취도 사전검사 점수에 대한 일원배치분산분석 결과

변량원	제곱합 (SS)	자유도 (df)	평균제곱 (MS)	F	유의확률 (p)
내용	.050	3	.017	.489	.690
조직	.056	3	.019	.293	.831
표현	.090	3	.030	.284	.837

분석 결과, 내용(F = 0.489, p = .690), 조직(F = 0.293, p = .831), 표현(F = 0.284, p = .837) 모두에서 유의확률(p)이 .05를 초과하여 통계적으로 유의미한 집단 간 차이가 없는 것으로 나타났다. 이는 실험에 참여한 네 집단이 처치 이전 단계에서 글쓰기 성취도의 각 하위 변인에 대해 통계적으로 유의미한 차이가 없는 동질한 상태에 있었음을 의미하며 연구의 실험 처치 효과를 해석하는 데 있어 내적 타당성이 확보되었음을 시사한다.

② 분산분석의 가정 검정 결과

혼합설계 분산분석(Mixed-design ANOVA)을 실시하기에 앞서, 정규성, 분산 동질성 가정 등 분석의 전제 조건을 검토하였다.

〈표 3-23〉 글쓰기 성취도 차이에 대한 집단별 정규성 가정 검정 결과

변인	집단	Kolmogorov-Smirnov	유의확률 (p)	Shapiro-Wilk	유의확률 (p)
내용	A	.132	.166	.952	.169
	B	.119	.200	.963	.341
	C	.153	.054	.964	.343
	D	.136	.143	.954	.193
조직	A	.148	.071	.953	.170
	B	.134	.155	.943	.092
	C	.134	.150	.939	.068
	D	.154	.053	.948	.125
표현	A	.134	.153	.957	.223
	B	.144	.092	.956	.214
	C	.142	.100	.957	.220
	D	.146	.080	.955	.196

Kolmogorov-Smirnov 검정 및 Shapiro-Wilk 검정을 통해 각 집단의 글쓰기 성취도 하위 변인(내용, 조직, 표현)에 대한 정규성을 확인한 결과, 〈표 3-23〉과 같이 모든 변인에서 유의확률(p)이 .05를 초과하여 정규성 가정을 충족하는 것으로 나타났다.

〈표 3-24〉 글쓰기 성취도 차이에 대한 분산 동질성 가정 검정 결과

변인	Levene 통계량	df1	df2	유의확률 (p)
내용	1.355	3	124	.260
조직	1.039	3	124	.378
표현	.794	3	124	.499

Levene의 등분산성 검정을 실시한 결과, 〈표 3-24〉와 같이 글쓰기 성취도의 모든 하위 변인(내용, 조직, 표현)에서 유의확률이 .05를 초과하여 집단 간 분산의 동질성 가정이 충족되었음을 확인하였다.

한편, 반복측정 요인에 대한 구형성 가정은 측정 시점이 사전·사후의 두 시점으로만 구성되어 있어 이론적으로 구형성 가정을 자동적으로 만족하는 것으로 간주된다(Field, 2013). 따라서 본 연구에서는 구형성 검정을 별도로 수행하지 않고 자유도 조정 없이 일반적인 반복측정 분산분석 절차를 적용하였다. 본 연구에서 사용된 글쓰기 성취도 관련 주요 변인들은 정규성 및 분산 동질성 등 혼합설계 분산분석의 주요 전제 조건을 모두 충족하였으며 이에 따라 후속 분석에서 모수적 통계 방법과 일반적인 F 검정을 적용하는 데 통계적 타당성이 확보되었음을 확인할 수 있다.

③ 혼합설계 분산분석(Mixed-design ANOVA) 결과

본 연구에서는 자기주도적 AI 쓰기 프로젝트 학습에서 AI 활용 여부와 활용 시점(2차시: 발산 사고 중심, 3차시: 수렴 사고 중심)에 따라 구분된 집단 간 차이와 사전·사후 반복측정된 글쓰기 성취도 점수 간 변화를 분석하기 위해 혼합설계 분산분석(Mixed-design ANOVA)을 실시하였다. 본 연구에서 설정한 독립변수는 AI 활용 여부(집단 간 요인, Between-subjects factor)이며, 종속변수는 글쓰기 성취도(사전·사후 반복측정 요인, Within-subjects factor)로 설정하였다. 혼합설계 분산분석 결과, AI 활용 여부(집단 A, B, C, D)에 따라 글쓰기 성취도 수준에서 통계적으로 유의미한 차이가 나타났으며 전체적으로 사후 검사에서 글쓰기 성취도

점수가 유의하게 향상된 것으로 확인되었다. 특히 집단과 검사시점 간 상호작용 효과도 유의미하게 나타나 AI를 어떻게, 언제 활용하였는지에 따라 글쓰기 성취도의 변화 양상이 달랐음을 보여 준다.

〈표 3-25〉는 집단 간 요인인 AI 활용 여부 및 활용 시점과 반복측정 요인인 검사시점(사전·사후 검사)에 따른 글쓰기 성취도 차이에 대한 혼합설계 분산분석(Mixed-design ANOVA) 결과를 제시한 것이다.

〈표 3-25〉 글쓰기 성취도 차이에 대한 혼합설계 분산분석(Mixed-design ANOVA) 결과

변량원		제곱합 (SS)	자유도 (df)	평균제곱 (MS)	F	유의확률 (p)
집단 간						
	집단	8.191	3	2.730	64.466	< .001
	오차	5.252	124	.042		
집단 내						
	검사시점	89.990	1	89.990	2554.818	< .001
	집단 × 검사시점	7.006	3	2.335	66.303	< .001
	오차	4.368	124	.035		
	총합	114.807	255	95.132		

집단 간 주효과(Between-subjects effect) 분석 결과, AI 활용 여부(집단 A, B, C, D)에 따라 학습자의 글쓰기 성취도 수준에서 통계적으로 유의한 차이가 존재하는 것으로 나타났다. 이는 AI 활용 여부가 글쓰기 성취도 향상에 중요한 요인으로 작용했을 가능성을 시사한다. 집단 요인의 제곱합(SS) = 8.191, 자유도(df) = 3, 평균제곱(MS) = 2.730으로 분석되어 집단 간 차이가 통계적으로 유의미한 수준에서 존재하는 것으로 확

인되었다(F = 64.466, $p < .001$). 검사시점의 주효과(Within-subjects effect) 분석 결과, 검사시점의 제곱합(SS) = 89.990, 자유도 df = 1, 평균제곱(MS) = 89.990으로 분석되었으며 글쓰기 성취도의 모든 하위 변인에서 사전 검사 대비 사후 검사에서 유의미한 증가가 확인되었다(F = 2554.818, $p < .001$). 집단 × 검사시점 상호작용 효과(Interaction effect, Group ×Time) 분석 결과, 집단 × 검사시점의 제곱합(SS) = 7.006, 자유도(df) = 3, 평균제곱(MS) = 2.335로 분석되어 집단과 검사시점 간의 상호작용 효과가 통계적으로 유의미한 것으로 확인되었다(F = 66.303, $p < .001$). 이 결과는 AI 활용 여부(집단 A, B, C, D)에 따라 사전·사후 검사에서 글쓰기 성취도의 변화 양상이 다르게 나타났음을 의미한다. 즉, 글쓰기 성취도의 향상 폭이나 양상은 집단별로 차이를 보였으며 이는 AI 활용 여부와 활용 시점에 따라 글쓰기 성취도의 변화 패턴이 달라졌음을 시사한다.

 본 연구의 결과는 AI 활용 여부(집단 간 요인)와 검사시점(집단 내 요인)은 모두 글쓰기 성취도의 변화에 통계적으로 유의미한 영향을 미치는 변수로 작용하였다. 특히 집단과 시점 간의 상호작용이 유의하게 나타났다는 점은 AI 활용의 시기와 방식이 글쓰기 성취도의 변화에 실질적인 차이를 만들어 낼 수 있음을 보여 준다. 이러한 결과는 AI 기반 수업이 학습자의 글쓰기 성취도 측면에 긍정적인 영향을 줄 수 있는 교육적 가능성을 내포하고 있으며 향후 AI 활용 교수·학습 설계에서 시의성과 맥락을 고려한 전략적 접근의 필요성을 시사한다. 따라서 AI 활용 여부 및 활용 시점에 따른 글쓰기 성취도의 변화 양상을 보다 구체적으로 확인하고 각 집단 간 차이가 어떤 방식으로 나타났는지를 명확하게 분석하기 위해

Bonferroni 보정을 적용한 사후검정을 추가적으로 수행할 필요가 있다.

〈표 3-26〉은 집단 간 요인인 AI 활용 여부 및 활용 시점과 반복측정 요인인 검사시점(사전·사후 검사)이 글쓰기 성취도의 하위 변인(내용, 조직, 표현)에 미치는 영향을 분석한 혼합설계 분산분석(Mixed-design ANOVA) 결과를 제시한 것이다.

〈표 3-26〉 글쓰기 성취도 하위 변인별 차이에 대한 혼합설계 분산분석 (Mixed-design ANOVA) 결과

하위 변인	변량원		제곱합 (SS)	자유도 (df)	평균제곱 (MS)	F	유의확률 (p)
내용	집단 간						
		집단	21.294	3	7.098	131.832	< .001
		오차	6.676	124	.054		
	집단 내						
		검사시점	58.818	1	58.818	1381.956	< .001
		집단 × 검사시점	19.195	3	6.398	150.336	< .001
		오차	5.278	124	.043		
	총합		111.261	255	72.411		

하위 변인	변량원		제곱합 (SS)	자유도 (df)	평균제곱 (MS)	F	유의확률 (p)
조직	집단 간						
		집단	5.070	3	1.690	20.276	< .001
		오차	10.335	124	.083		
	집단 내						
		검사시점	104.210	1	104.210	1320.024	< .001
		집단 × 검사시점	4.791	3	1.597	20.228	< .001
		오차	9.789	124	.079		
	총합		134.195	255	107.659		

하위 변인	변량원		제곱합 (SS)	자유도 (df)	평균제곱 (MS)	F	유의확률 (p)
표현	집단 간						
		집단	3.668	3	1.223	9.176	< .001
		오차	16.521	124	.133		
	집단 내						
		검사시점	111.963	1	111.963	898.792	< .001
		집단 × 검사시점	2.748	3	.916	7.353	< .001
		오차	15.447	124	.125		
	총합		150.347	255	114.360		

내용 변인에 미치는 영향을 분석한 결과, 집단 간 효과(F = 131.832, p < .001), 검사시점 효과(F = 1381.956, p < .001), 집단 × 검사시점 상호작용 효과(F = 150.336, p < .001)가 모두 유의미하게 나타났다. 조직 변인에 미치는 영향을 분석한 결과, 집단 간 효과(F = 20.276, p < .001), 검사시점 효과(F = 1320.024, p < .001), 집단 × 검사시점 상호작용 효과(F = 20.228, p < .001)가 모두 유의미하게 나타났다. 표현 변인에 미치는 영향을 분석한 결과, 집단 간 효과(F = 9.176, p < .001), 검사시점 효과(F = 898.792, p < .001), 집단 × 검사시점 상호작용 효과(F = 7.353, p < .001)가 모두 유의미하게 나타났다.

이와 같은 분석 결과는 글쓰기 성취도의 세 가지 하위 변인(내용, 조직, 표현) 모두에서 AI 활용 여부(집단 A, B, C, D) 및 검사시점(사전·사후 검사)에 따른 차이가 통계적으로 유의미한 것으로 나타났다. 특히 집단 간 효과(Between-subjects effect), 검사시점 효과(Within-subjects effect), 집단 × 검사시점 상호작용 효과(Interaction effect) 모두 p <

.001 수준에서 유의미한 차이를 보였으며 각 변인에서 나타난 F값이 높은 것으로 확인되었다. 집단 간 효과 분석에서 AI 활용 여부에 따라 글쓰기 성취도 수준이 유의미하게 차이를 보였으며(F = 9.176~131.832, $p <$ .001), 검사시점 효과 분석에서는 사전 검사 대비 사후 검사에서 글쓰기 성취도가 전반적으로 증가한 것으로 나타났다(F = 898.792~1381.956, $p <$ .001). 또한 집단 × 검사시점 상호작용 효과도 유의미하게 나타나(F = 7.353~150.336, $p <$ .001) AI 활용 여부 및 활용 시점에 따라 글쓰기 성취도의 변화 양상이 차별적으로 나타났을 가능성을 시사한다.

본 연구에서 수행한 혼합설계 분산분석(Mixed-design ANOVA) 결과, AI 활용 여부(집단 A, B, C, D)에 따라 학습자의 글쓰기 성취도 수준에 유의미한 차이가 나타났으며 실험 기간 동안 글쓰기 성취도가 전반적으로 향상된 것으로 확인되었다. 특히 AI 활용 여부 및 활용 시점에 따라 글쓰기 성취도의 변화 양상이 상이하게 나타났으며 그중에서도 내용 변인이 AI 활용에 가장 큰 영향을 받은 것으로 분석되었다. 이는 AI를 활용한 학습 경험이 학습자로 하여금 글의 내용을 보다 논리적으로 구성하고 주제를 효과적으로 표현하는 데 기여했음을 시사한다. 그러나 AI 활용이 어떤 집단 간에서 더 유의미한 차이를 유발하였는지, 그리고 AI 활용 시점이 글쓰기 성취도의 각 하위 변인(내용, 조직, 표현)에 미친 영향이 어떻게 달랐는지를 보다 정밀하게 파악하기 위해 사후분석이 필요하다. 이를 위해 본 연구에서는 Bonferroni 보정을 적용한 사후검정을 수행하여 집단 간 차이가 발생한 구체적인 양상을 분석하였다. 이를 통해 AI 활용이 학습자의 글쓰기 성취도 향상에 미치는 영향을 보다 심층적으로 해석하고 AI 활용 시점 및 활용 빈도에 따른 차별적인 효과를 정밀하게 검토하였다.

④ Bonferroni 보정을 적용한 사후검정 결과

　혼합설계 분산분석(Mixed-design ANOVA) 결과에서 글쓰기 성취도의 세 가지 하위 변인(내용, 조직, 표현)에 대해 집단 간 유의미한 차이가 나타난 것을 바탕으로 보다 정밀한 차이의 양상을 확인하기 위해 Bonferroni 보정을 적용한 사후검정을 수행하였다. Bonferroni 사후검정은 다중 비교에서 발생할 수 있는 I형 오류(Type I Error)의 증가를 방지하기 위해 유의수준(α)을 비교 횟수만큼 나누어 적용하는 방식으로 보다 엄격한 기준을 설정하여 신뢰성 높은 분석 결과를 도출할 수 있다. 본 연구에서는 AI 활용 여부(집단 A, B, C, D) 및 활용 시점에 따른 글쓰기 성취도의 평균 차이를 비교하기 위해 Bonferroni 보정을 적용하였으며 이를 통해 특정 집단 간의 차이가 통계적으로 유의미한지를 검토하였다.
　〈표 3-27〉은 각 변인(내용, 조직, 표현)에 대해 Bonferroni 보정을 적용한 사후검정 결과를 제시하고 있다.

〈표 3-27〉 Bonferroni 보정을 적용한 글쓰기 성취도 사후검정 결과

i		j	평균차이 (i-j)	표준오차 (SE)	유의확률 (ρ)
내용	A	B	-.1250	.04102	.017
		C	-.3594	.04102	〈.001
		D	-.7572	.04102	〈.001
	B	A	.1250	.04102	.017
		C	-.2344	.04102	〈.001
		D	-.6322	.04102	〈.001
	C	A	.3594	.04102	〈.001
		B	.2344	.04102	〈.001
		D	-.3978	.04102	〈.001
	D	A	.7572	.04102	〈.001
		B	.6322	.04102	〈.001
		C	.3978	.04102	〈.001
조직	A	B	-.1536	.05103	.019
		C	-.2344	.05103	〈.001
		D	-.3898	.05103	〈.001
	B	A	.1536	.05103	.019
		C	-.0807	.05103	.697
		D	-.2361	.05103	〈.001
	C	A	.2344	.05103	〈.001
		B	.0807	.05103	.697
		D	-.1554	.05103	.017
	D	A	.3898	.05103	〈.001
		B	.2361	.05103	〈.001
		C	.1554	.05103	.017
표현	A	B	-.1641	.06453	.073
		C	-.2734	.06453	〈.001
		D	-.3068	.06453	〈.001
	B	A	.1641	.06453	.073
		C	-.1094	.06453	.555
		D	-.1427	.06453	.173
	C	A	.2734	.06453	〈.001
		B	.1094	.06453	.555
		D	-.0333	.06453	1.000
	D	A	.3068	.06453	〈.001
		B	.1427	.06453	.173
		C	.0333	.06453	1.000

분석 결과, 각 변인에서 AI 활용 여부 및 활용 시점에 따라 통계적으로 유의미한 차이가 존재하는 것으로 나타났다. 내용 변인의 경우, 집단 간 유의미한 차이가 다수 확인되었다. 집단 B - 집단 D(M = -0.6322, $p <$ .001), 집단 C - 집단 D(M = -0.3978, $p <$ .001), 집단 A - 집단 D(M = -0.7572, $p <$ .001) 간의 비교에서 모두 통계적으로 유의미한 차이가 나타났으며, 이는 AI를 반복적으로 활용한 집단 D가 다른 집단에 비해 유의미하게 높은 내용 성취도를 보였음을 의미한다. 이러한 결과는 반복적인 AI 활용이 글쓰기의 내용 구성 능력 향상에 긍정적 효과를 미쳤음을 시사한다. 또한 단일 시점 AI 활용 집단 간 비교에서도 유의미한 차이가 나타났다. 집단 B - 집단 C(M = -0.2344, $p <$ .001)에서는 집단 B가 유의미하게 낮은 성취도를 보였으며, 집단 A - 집단 C(M = -0.3594, $p <$ .001), 집단 A - 집단 B(M = -0.1250, $p =$ .017)에서도 AI를 활용하지 않은 집단 A가 유의미하게 낮은 결과를 나타냈다. 이로써 AI를 단일 시점이라도 활용한 집단이 미활용 집단보다 더 나은 내용 성취를 보였음을 확인할 수 있었다. 특히 수렴적 사고 중심의 3차시 활용이 발산적 사고 중심의 2차시 활용보다 내용 생성 측면에서 더 효과적일 수 있음을 시사한다. 조직 변인의 경우에도 유사한 경향이 나타났다. 집단 B - 집단 D(M = -0.2361, $p <$ .001), 집단 C - 집단 D(M = -0.1554, $p =$ .017), 집단 A - 집단 D(M = -0.3898, $p <$ .001)의 비교에서 반복적으로 AI를 활용한 집단 D는 모두에게 유의미하게 높은 조직 성취도를 보였다. 또한 집단 A - 집단 C(M = -0.2344, $p <$ .001), 집단 A - 집단 B(M = -0.1536, $p =$ .019)에서도 유의미한 차이가 나타났다. 집단 B - 집단 C(M = -0.0807, $p =$ .697) 간 차이는 통계적으로 유의하지 않아 AI 활용 시점이 조직적

글쓰기 능력에 미치는 영향은 분명하지 않은 것으로 나타났다. 이러한 결과는 반복적이고 지속적인 AI 활용이 조직 구조의 명료성과 문단 간 논리적 연결성을 강화하는 데에 효과적임을 시사한다. 표현 변인의 경우, 다소 상이한 양상이 나타났다. 집단 A - 집단 D(M = -0.3068, $p < .001$), 집단 A - 집단 C(M = -0.2734, $p < .001$)에서는 통계적으로 유의미한 차이가 확인되었다. 집단 C - 집단 D(M = -0.0333, $p = 1.000$)로 나타나 집단 D와 집단 C는 유사한 수준의 표현 성취도를 보였다. 그러나 집단 B - 집단 D(M = -0.1427, $p = .173$), 집단 B - 집단 C(M = -0.1094, $p = .555$) 간에는 유의미한 차이가 나타나지 않았고, 집단 A - 집단 B(M = -0.1641, $p = .073$)에서도 유의수준에 근접하는 경향성이 관찰되었으나 통계적으로 유의하지는 않았다. 이러한 결과는 표현 영역에서는 반복적 AI 활용의 효과가 내용 및 조직에 비해 상대적으로 제한적일 수 있으며 단기적 개입보다는 장기적 접근 또는 구체적인 피드백과 연계된 활용이 필요함을 시사한다.

각 하위 변인에 대한 평균 차이를 분석한 결과, 내용 변인에서 집단 간 차이가 가장 뚜렷하게 나타났으며, 조직 변인에서도 반복적 AI 활용의 효과가 명확히 드러났다. 반면, 표현 변인에서는 일부 집단 간 비교에서 통계적으로 유의미한 차이가 나타나지 않아 상대적으로 미약한 효과가 관찰되었다. 결과적으로 자기주도적 AI 쓰기 프로젝트 수업의 내용 생성 단계(2~3차시)에서 AI의 활용 여부와 활용 시점이 글쓰기 성취도에 미치는 영향을 분석한 결과, AI를 반복적으로 활용한 집단 D가 가장 높은 성취도를 보였다. 그 뒤를 이어 집단 C(3차시 활용), 집단 B(2차시 활용), 집단 A(AI 미활용)의 순으로 성취도가 점진적으로 향상되는 양상이 확인되었다. 이는 AI 활용의 빈도와 시점이 글쓰기 성취도 향상에 영향을 미치는 중요한 변수로 작용할 수 있음을 시사한다.

논의

본 연구는 내용 생성 단계의 사고 유형을 발산적 사고(2차시)와 수렴적 사고(3차시)로 구분하고 해당 단계에서 AI를 단일 또는 복합적으로 활용한 실험 집단(B, C, D)과 미활용 통제 집단(A)을 비교하여 그 효과를 분석하였다.

1) 자기주도적 AI 쓰기 프로젝트 학습에서 내용 생성 단계의 AI 활용이 자기 결정성 동기에 미치는 영향

본 연구는 AI의 활용 여부가 학습자의 자기결정성 동기에 유의미한 영향을 미친다는 점을 실증적으로 확인하였다. 특히 활용 시점과 반복 여부에 따라 동기 유형의 질적 특성과 내면화 수준에서 명징한 차이가 나타났다. 이는 AI가 학습자의 동기 구조에 심층적으로 작용할 수 있음을 시사하며 교수 설계 시 AI의 활용 시점과 지속성을 주요 변수로 고려할 필요가 있음을 보여 준다.

AI를 전혀 활용하지 않은 집단과 비교할 때, AI를 활용한 모든 집단은 자기결정성 동기의 네 하위 변인(외적 조절, 내사된 조절, 확인된 조절, 내적 조절)에서 긍정적인 변화를 보였다. 이는 AI가 사고를 확장하고 자기 통제를 강화하는 인지적 도구로 작용했음을 의미한다. AI를 도입함으로써 학습자들은 교사의 지시나 평가 중심의 글쓰기에 매몰되지 않고 자신의 사고를 탐색하며 글쓰기에 대한 주체적 의미를 형성하기 시작하였다. 특히 외적 조절에서 내적 조절로의 전이는 AI 활용이 동기의 자기화 과정에 기여했음을 보여 준다. 한편, 발산적 사고 활동(2차시)에서만 AI를 활용한 집단은 아이디어를 자유롭게 떠올리고 확장하는 활동에서 AI의 개방적 제안 기능을 효과적으로 활용하였다. 이로 인해 자기결정성 동기가 일시적으로 자극되었고 글쓰기에 대한 심리적 장벽도 낮아지는 효과가 나타났다. 하지만 이는 일시적 동기 자극에 그치는 경향이 있었다. 확인된 조절과 내적 조절의 상승 폭이 상대적으로 낮았으며, 이는 글쓰기 활동에 대한 가치 내면화나 정체성 수준의 몰입으로 이어지는 데 한계가 있었음을 나타낸다. 즉, 발산적 사고 활동에서의 AI 활용은 아이디어 생성에는 효과적이었으나 이를 지속적인 자기 동기로 전환하는 데에는 한계가 있었다.

반면, 수렴적 사고 활동(3차시)에서만 AI를 활용한 집단은 생성된 아이디어를 조직하고 정제하는 과정에서 AI의 구조화된 피드백 기능을 효과적으로 활용하였다. 수렴적 활동은 학습자가 자신의 사고를 체계적으로 검토하고 표현하는 고차원적 인지 과정을 요구하며, 이때 AI의 피드백은 사고 부담을 경감시키고 성찰의 기회를 제공하였다. 이러한 경험은 글쓰기 활동의 개인적 의미와 중요성을 인식하게 하였고 확인된 조절과 내적 조절의 유의미한 향상으로 이어졌다.

발산과 수렴 단계 모두에서 AI를 활용한 집단은 자기결정성 동기의 모든 하위 변인에서 가장 뚜렷한 향상을 보였다. 이 집단은 아이디어 생성

(발산)과 구성(수렴)의 전 과정을 반복적으로 경험하며 AI를 인지적 협력자(cognitive partner)로 수용하였다. 그 결과 글쓰기 과정에 대한 긍정적 정서와 성취감이 누적되었으며 외적 조절은 가장 낮고 내적 조절은 가장 높은 수준을 보였다. 이는 AI의 전략적 활용이 학습자의 자기 통제감과 주도성을 심화시키는 데 효과적으로 기여했음을 보여 준다.

본 연구 결과는 AI가 학습자의 자기결정성 동기를 촉진하는 전략적 수단으로 기능할 수 있음을 실증적으로 입증하였다. 발산적 사고 중심의 활동에서는 AI가 자율성 자극과 사고 몰입을 유도하는 촉진 기제로 작용하였으며, 수렴적 사고 중심의 활동에서는 사고의 정교화와 내면화 과정을 지원함으로써 자기 주도성의 심화에 기여하였다. 특히 발산적 사고와 수렴적 사고의 두 단계를 연계한 구조적·연속적인 AI 활용은 자기결정성 동기의 심층적 고양에 효과적이었다. 이에 따라 글쓰기 교육에서 AI는 단회적 도구가 아닌 사고의 흐름과 학습자의 정서적 반응을 고려한 구조화된 활용 전략으로 설계되어야 함을 시사한다. 내용 생성 단계에서의 전략적 AI 도입은 학습 초기의 심리적 장벽을 완화하고 사고의 폭을 확장시켜 학습자가 자신의 생각을 주도적으로 탐색하고 구성하는 경험을 제공하였다. 이러한 경험은 자기결정성 동기의 질적 전환을 유도하는 핵심 계기로 작용하였으며 AI가 인지적·정서적 촉진자로서 학습자의 자기주도성 강화하는 교육적 매개가 될 수 있음을 보여 준다.

2) 자기주도적 AI 쓰기 프로젝트 학습에서 내용 생성 단계의 AI 활용이 창의적 자기효능감에 미치는 영향

본 연구는 AI 활용 시점과 활용 빈도에 따라 학습자의 창의적 자기효능감 하위 변인(창의적 사고 효능감, 창의적 수행 효능감)에 차별적 효과가 나타남을 실증적으로 확인하였다. 이는 학습자의 사고 유형(발산적 사고, 수렴적 사고)과 AI와의 상호작용 방식이 창의성 발달에 있어 결정적인 요인으로 작용함을 시사한다.

AI를 한 차례 이상 활용한 집단은 활용하지 않은 집단에 비해 창의적 자기효능감의 두 하위 변인 모두에서 통계적으로 유의미한 향상을 보였다. 이는 AI가 학습자의 사고 과정을 자극하고 정서적 자신감 형성에 기여했음을 의미한다. 학습자는 AI를 통해 다양한 언어 표현, 논리적 연결 구조 등을 실시간으로 탐색·수용함으로써 글쓰기 수행에 대한 기대감과 자기효능 인식을 강화하였다. 이는 곧 자신의 창의적 역량에 대한 긍정적인 자각을 촉진하는 계기로 작용한 것으로 해석할 수 있다.

발산적 사고 활동(2차시)에서만 AI를 활용한 집단의 경우, 창의적 사고 효능감은 유의미하게 향상되었으나 창의적 수행 효능감에는 유의미한 변화가 없었다. 이는 발산 단계의 개방적 아이디어 생성이 인지적 확장에는 기여하나 실제 글쓰기 수행에 대한 자기 신념 형성으로 이어지기에는 제한적이었음을 보여 준다. 따라서 발산 단계에서의 AI 활용은 창의적 사고 촉진에는 효과적이나 수행 효능감 향상에는 한계가 있음을 시사한다.

수렴적 사고 활동(3차시)에서 AI를 활용한 집단의 경우, 학습자는 창의적 사고 효능감과 수행 효능감 모두에서 유의미한 향상을 보였다. 이는 수렴적 활동의 핵심이 아이디어를 구조화하고 글의 개연성과 논리성을 정제하는 과정이라는 점에서 비롯된다. 수렴적 사고가 아이디어를 구조화하고 글의 논리성과 개연성을 정제하는 과정이며, 이 단계에서 AI는 구체적인 피드백과 문장 표현의 보완을 통해 글의 완성도를 높이는 데 기여했기 때문이다. 이러한 경험은 학습자가 자신의 사고를 실행 가능한 결과물로 전환할 수 있다는 자기 확신을 형성하게 하였다. 이는 결과적으로 창의적 자기효능감의 질적 향상으로 이어졌다.

 발산적·수렴적 활동 모두에서 AI를 활용한 집단의 경우, 두 하위 변인에서 가장 큰 향상폭을 보였다. 학습자는 사고의 확산과 수렴 과정을 AI와 함께 단계적으로 경험하였으며 AI의 도움을 통해 내용 생성하기 전 과정을 일관성 있게 체화하였다. 특히 창의적 수행 효능감에서의 향상은 AI의 피드백과 구조화 제안이 학습자의 아이디어를 실제 결과물로 구체화하는 데 인지적 발판 역할을 수행했기 때문으로 해석된다. AI는 사고를 정돈하고 구성할 수 있는 핵심적인 기제로 작용함으로써 자기 통제감과 실행 가능성에 대한 확신을 강화하였다.
 본 연구는 창의적 자기효능감의 향상이 AI의 활용 시점과 방식에 따라 질적으로 달라질 수 있음을 실증적으로 밝혔다. 발산적 사고 단계에서의 AI 활용은 사고의 확장과 표현 실험을 촉진하였고, 수렴적 사고 단계에서는 글 완성에 대한 자기 신뢰와 실행력을 고양시키는 데 효과적이었다. 특히 두 사고 과정을 구조적으로 연계하여 AI를 활용한 경우, 창의적 사고력과 수행 능력의 통합적 발달을 유도하며 가장 높은 교육적 효과를 나타냈다. 이에 따라 창의적 자기효능감 증진을 목표로 하는 교육과정에서는 AI를 사고 확산과 수렴을 촉진하는 인지적 동반자로 설계할 필요가 있다. 이러한 결과는 자기주도적 AI 쓰기 프로젝트 학습이 학습자의 창의적 역량을 신장시킬 수 있는 유의미한 교육적 매개로 기능함을 보여 준다. 향후 AI 기반 학습 환경 설계에서는 창의적 자기효능감의 고양을 위한 정교하고 전략적인 활용 방안이 요구된다. 특히 AI의 활용 시점과 방식에 따라 학습자의 정의적 반응과 인지적 사고 수준이 달라질 수 있음을 고려해야 한다. 발산과 수렴의 사고 흐름을 반영한 체계적이고 구조화된 AI 지원 설계는 향후 글쓰기 교육의 핵심 과제로 제시된다.

3) 자기주도적 AI 쓰기 프로젝트 학습에서 내용 생성 단계의 AI 활용이 글쓰기 성취도에 미치는 영향

본 연구는 AI의 활용이 학습자의 글쓰기 성취도 향상에 전반적으로 긍정적인 영향을 미친다는 일관된 경향을 실증적으로 확인하였다. 특히 그 효과는 AI의 활용 시점과 빈도에 따라 유의미한 차이를 보였다.

AI를 활용한 집단은 글쓰기 성취도의 세 하위 변인(내용, 조직, 표현) 모두에서 비활용 집단보다 높은 성취도를 보였다. 이는 AI가 글쓰기 과정에 있어 텍스트 제안 이상의 인지적 기능을 수행함을 의미한다. AI는 주제 탐색, 논리적 구조 구성, 표현 정교화 등에서 실시간 피드백을 제공하였다. 학습자가 AI의 제안과 수정 권고를 바탕으로 글을 재구성하는 과정은 글쓰기의 질적 향상을 가져왔다.

그러나 발산적 사고 활동이 중심이 된 2차시에서만 AI를 활용한 집단의 경우, 내용 구성에서는 성취도가 향상되었으나, 조직 및 표현 측면에서는 그 효과가 제한적이었다. 이는 발산적 사고 단계의 인지적 특성과 밀접하게 관련된다. 발산적 사고 단계가 아이디어 확장에는 효과적이나, 논리적 정제와 구조화는 수렴적 사고 단계에서 주로 이루어지기 때문에 단일 시점의 AI 활용은 글쓰기 성취도 향상에 있어 부분적 기여에 그칠 수 있음을 의미한다.

수렴적 사고 활동이 중심이 된 3차시에서 AI를 활용한 집단의 경우, 학습자는 글쓰기 성취도의 모든 하위 변인(내용, 조직, 표현)에서 향상을 보였다. 특히 조직과 표현에서 AI 미활용 집단과의 통계적으로 유의미한 차이가 확인되었다. 이는 수렴 단계에서 AI가 학습자의 초안에 대해 구체적이고 정교한 피드백을 제공함으로써 글을 보다 설득력 있고 체계적으로 구성할 수 있도록 지원했기 때문으로 해석된다. 따라서 수렴적 단계에서의 AI 활용은 글쓰기 수행의 질적 개선에 효과적인 인지적 전략으로 기능함을 시사한다.

가장 주목할 만한 결과는 발산(2차시)과 수렴(3차시) 사고 활동을 모두 AI와 함께 수행한 집단에서 나타났다. 이 집단은 내용, 조직, 표현의 모든 영역에서 가장 높은 성취도를 보였으며, 이는 단일 시점 활용 집단은 물론, AI 미활용 집단과 비교했을 때도 통계적으로 유의미한 차이를 보였다. AI가 사고 생성 초기 단계(발산)에서부터 결과물의 구조화 및 정교화 단계(수렴)에 이르기까지 글쓰기의 전 과정을 일관되게 지원함으로써 학습자는 사고의 흐름을 설계하고 조직화하는 글쓰기의 통합적 수행 전략을 내면화하였다. 이는 반복적이고 구조화된 AI 활용이 사고, 조직, 표현 간의 연계성을 강화하고 학습자의 자기조절 역량과 글쓰기 성취를 심화시키는 교육적 기제로 기능했음을 보여 준다. 한편, 표현 영역에서는 일부 집단 간 비교에서 유의미한 차이가 나타나지 않았다. 이는 표현의 창의성과 정서적 감음이 AI의 정형화된 제안 방식에 의해 일정 부분 제한되었을 가능성을 시사한다. 문장의 명료성이나 문법적 정확성에는 AI가 기여할 수 있으나 학습자의 고유한 문체와 감성적 표현은 AI의 지원만으로 충분히 자극되기 어려운 한계가 존재한다.

결과적으로 본 연구는 AI의 활용 시점과 빈도에 따라 학습자의 글쓰기 성취도가 유의미하게 달라짐을 실증적으로 확인하였다. 특히 내용 생성 단계에서의 AI 개입이 글쓰기의 질적 향상에 핵심적 요인으로 작용함을 입증하였다. 수렴적 사고 활동에서의 AI 활용은 성취도 향상의 결정적 기제로 기능하였으며, 발산과 수렴을 구조적으로 연계한 AI 활용은 주제 구성력, 조직 능력, 표현의 설득력 등 전면적인 성취 향상을 이끌어 냈다. 이러한 결과는 글쓰기 교육에서 AI를 사고 흐름에 기반한 체계적 교수 도구로 재구성할 필요성을 시사한다. 반복적이고 구조화된 AI 활용은 학습자의 창의적 아이디어 생성, 논리적 전개, 표현 정교화 능력을 통합적으로 강화하는 핵심 전략으로 기능할 수 있다. 따라서 향후 글쓰기 교육에서는 AI를 학습자의 사고 전개 과정을 유기적으로 지원하는 인지적·전략적 동반자로 설계할 필요가 있다. 특히 발산·수렴 사고 구조에 부합하는 정교한 AI 활용 방안 마련이 중요한 교육적 과제로 제기된다.

4부

자기주도적 AI 쓰기 프로젝트의 효과와 가능성

- 결과의 교육적 적용 방안

1. 자기주도적 AI 쓰기 프로젝트 학습의 실증적 함의

본 연구는 자기주도적 AI 쓰기 프로젝트가 고등학생의 자기결정성 동기와 창의적 자기효능감 향상에 유의미한 영향을 미친다는 실증적 근거를 제시하였다. 특히 AI의 활용 시점과 빈도가 학습 효과에 미치는 영향을 정량적으로 분석한 결과, 쓰기 과정 중 내용 생성하기 단계인 2차시(주제 선정 및 아이디어 탐색, 발산적 사고 중심)와 3차시(아이디어 조직 및 정교화, 수렴적 사고 중심)에서 AI를 반복적으로 활용한 경우 정의적·인지적 측면 모두에서 가장 높은 효과가 나타났다. 이는 국어과 쓰기 교육에서 AI의 전략적이고 단계적인 활용이 필수적임을 시사한다.

첫째, AI는 학습자의 쓰기 동기를 고양시키는 정의적 촉진자(affective facilitator)로 기능할 수 있다. 특히 글쓰기에 대한 부정적인 정서나 낮은 자기효능감으로 인해 글쓰기를 기피하던 학습자에게 AI의 중립적이고 비판 없는 피드백은 심리적 안정감을 제공하는 정서적 완충 장치로 작용하였다. 이는 학습자가 자신의 사고를 탐색하고 성찰하는 과정을 긍정적으로 수용하게 하며 자기주도적 글쓰기 태도 형성에 기여함을 보여 준다.

둘째, AI의 효과적인 활용을 위해서는 교수·학습 설계 단계에서 AI의 역할을 단계별로 명확하게 구분하는 전략이 필요하다. 본 연구 결과, 아이디어 발산과 조직이 요구되는 초기 단계(2차시·3차시)에서는 AI가 인지적 부담을 완화하고 창의적 사고를 자극하는 도구로 기능한 반면, 초고 작성과 고쳐쓰기 등 후기 단계에서는 과도한 AI 의존을 방지하기 위한 제한적 활용 전략이 요구됨이 확인되었다. 이는 학습자의 독립적 사고력 및 자기조절 능력을 보호하고 자율적 글쓰기 역량을 함양하기 위한 전략적 배분의 필요성을 시사한다. 셋째, AI는 학습자의 근접발달영역(Zone of Proximal Development, ZPD)을 확장하는 인지적 비계(cognitive scaffolding)로 작용할 수 있다. 특히 글쓰기 경험이 부족한 학습자에게 AI가 제공하는 주제 정보, 문장 예시, 구조 제안 등은 글쓰기 진입 장벽을 낮추는 역할을 하였다. 더 나아가 반복적인 피드백을 통해 자기조절 학습을 가능하게 하고 점진적으로 학습자의 독립성과 창의적 글쓰기 역량을 신장시켰다. 넷째, AI는 자기결정성 동기 이론의 세 요소인 자율성, 유능감, 관계성을 동시에 촉진하는 가능성을 보여 준다. 학습자는 프로젝트 과정에서 주제를 자율적으로 선택(자율성)하고, AI의 제안을 비판적으로 수용하거나 조정(유능감)하며, 팀원들과 협업을 통해 의미 있는 결과물을 도출(관계성)함으로써 내재적 동기를 강화할 수 있었다. 이상의 결과는 AI를 창의적 표현과 자기주도적 사고를 촉진하는 교육적 매개로 재정립할 필요성을 시사한다. 특히 내용 생성하기 단계에서의 전략적인 AI 활용은 학습자의 아이디어 형성과 고차원적 사고 증진을 위한 핵심 기제로 기능함을 명확히 인식할 필요가 있다. 향후 국어과 교육 현장에서는 정의적 안정, 인지적 확장, 심리적 동기 유발이 통합된 교수·학습 설계가 체계적으로 구축되어야 한다.

2. 자기주도 학습 환경 구축을 위한 AI의 도구적·인지적 역할

본 연구는 AI가 학습자의 자기결정성 동기와 창의적 자기효능감을 증진시키는 도구로 기능하며 자기주도적 학습 환경 조성에 실질적으로 기여할 수 있음을 실증적으로 확인하였다. 특히 쓰기 교육 맥락에서 AI는 학습자의 사고 과정을 조력하고 안내하는 인지적 촉진자로서 작용하며 학습자의 정의적·인지적 특성을 고려한 활용 전략이 요구된다. 이에 따라 향후 AI의 교육적 활용은 다음 세 가지 측면에서 체계적으로 설계될 필요가 있다.

인지적 비계로서 AI의 도구적 기능 명확화

AI는 학습자의 사고 과정을 구조화하고 확장하는 인지적 비계(cognitive scaffolding)로 기능할 수 있다. 비고츠키(Vygotsky)의 근접발달영역(Zone of Proximal Development, ZPD) 이론에 따르면, AI는 학습자가 독립적으로 해결하기 어려운 과제를 수행하도록 지원함으로써 잠재적 발달 수준에 도달하게 한다. 이에 따라 교사는 학습자의 수준, 과제 난이도, 쓰기 단계별 특성을 고려한 가변적 비계로서 AI 활용을 설계해야 한다. 특히 문장 생성, 주제 탐색 등 초기 단계에서 AI는 진입 장벽을 완화하는 역할을 수행하고, 이후 과정에서는 개입을 점진적으로 줄여 학습자가 사고 조직과 표현 정교화를 자율적으로 수행할 수 있도록 책임의 점진적 이양(gradual release of responsibility)이 이루어져야 한다. 이러한 측면에서 AI는 학습자의 인지적 성장과 정의적 안정, 자기조절 능력을 통합적으로 촉진하는 교육적 비계로 재개념화될 필요가 있다.

발산적 사고 촉진과 자기주도성 함양

AI는 다양한 주제, 관점, 문체, 어휘 등을 제시함으로써 학습자의 사고를 다각도로 자극하고 발산적 사고(divergent thinking)를 촉진하는 데 효과적인 도구로 기능한다. 특히 주제 선정과 아이디어 탐색이 중심이 되는 글쓰기 초기 단계에서 학습자는 사고의 단초를 마련하는 데 어려움을 겪기 쉽다. 이때 AI는 창의적 사고를 유도하는 인지적 촉진자 역할을 수행하며 다중 관점의 가능성을 열어 사고의 유연성을 자극한다. 학습자는 AI가 제시한 제안들을 선택·비교·재해석하는 과정을 통해 외부 자극을 자기화하고 창의적 변형을 실현하게 된다. 이러한 경험은 창의적 자기효능감의 기반이자 자기주도적 학습의 핵심 요소인 목표 설정, 전략 선택, 자율적 실행 능력 함양으로 이어진다. 따라서 교사는 AI의 제안을 그대로 수용하도록 지도하기보다는 학습자가 이를 비판적으로 검토하고 자신의 글쓰기 목적과 맥락에 맞게 재구성하도록 유도해야 한다.

수렴적 사고 촉진과 자기주도성 함양

쓰기 과정 중 수렴적 사고(convergent thinking)가 요구되는 아이디어 정리, 논리적 구성 점검 등의 활동은 고차 사고력 및 자기조절 학습 역량을 전제로 한다. 특히 아이디어 조직과 구조화가 중심이 되는 수렴적 단계에서는 생성된 아이디어를 선별·조직하고 글의 흐름을 체계화하는 정교한 사고가 요구된다. 이 시점에서 AI는 학습자의 사고 과정을 실시간으로 점검하고 방향을 재조정할 수 있도록 하는 자동 피드백 제공자로서 기능할 수 있다. 이러한 반복적 피드백 경험은 학습자의 자기점검과 자기통제를 유도하여 메타인지 전략의 자연스러운 적용을 촉진한다. 이는 곧, 자기조절 학습 능력의 실질적인 향상으로 이어진다. 특히 AI는 학습자가 아이디어를 논리적으로 구성하고 문단 간 연결성을 확보하는 데 효과적으로 기여하며 글쓰기의 구조적 완성도를 높이는 데 실질적인 도움을 준다. 따라서 수렴적 사고가 요구되는 단계에서의 전략적 AI 활용은 자기주도적 글쓰기 역량과 자기효능감 향상이라는 정의적·인지적 효과를 동시에 유도하는 유의미한 교수·학습 방안이 될 수 있다.

3. 자기주도적 AI 쓰기 프로젝트 수업 설계를 위한 AI 전략

AI 활용 시점과 빈도의 단계적 분화

본 연구의 실증적 분석 결과, AI는 글쓰기 초기의 내용 생성 단계에서 반복적으로 활용될 때 학습자의 자기결정성 동기와 창의적 자기효능감 향상에 가장 효과적으로 기여하는 것으로 나타났다. 특히 2차시(발산적 사고 중심의 주제 탐색)와 3차시(수렴적 사고 중심의 아이디어 조직)에서 AI는 아이디어의 발산, 구조 설계, 주제 관련 어휘 탐색 등을 지원하며 인지적 점화와 비계의 역할을 수행하였다. 학습자는 AI의 다양한 제안과 예시를 바탕으로 사고의 폭을 확장하고, 능동적인 문제 해결자로서의 정체성을 형성할 수 있었다.

이 결과는 AI가 내용 생성하기 단계에서 학습자의 사고를 촉진하고 아이디어 구성을 지원하는 데 효과적으로 기여함을 시사한다. 학습자는 AI

의 피드백을 활용하여 창의적 사고를 유도하고 정보를 구조화함으로써 인지적 확장을 경험하였다. 이는 AI가 글쓰기 초기 단계에서 사고의 진입 장벽을 낮추는 실질적인 촉진 도구로 기능할 수 있음을 보여 준다. 그러나 이후 단계에서는 AI의 개입을 점진적으로 축소하고 학습자의 독립적 사고와 자기조절 능력을 중심으로 한 교수·학습 설계로 전환할 필요가 있다. AI가 사고의 출발점에서는 유의미한 역할을 할 수 있지만, 전 과정에 지속적으로 개입할 경우 학습자의 판단력과 창의성, 자기효능감 형성에 부정적인 영향을 미칠 수 있기 때문이다. 따라서 AI는 글쓰기 전 과정에 일률적으로 적용되는 보편적 도구가 아니라 쓰기 단계별 목적과 인지적 특성을 고려하여 제한적으로 활용되어야 할 교육 자원으로 이해되어야 한다. 특히 국어과 쓰기 교육에서는 AI의 활용을 내용 생성하기 단계에 전략적으로 한정하고, 이후의 전개·표현·수정 단계에서는 학습자의 자기주도적 사고와 판단이 중심이 되는 수업 환경을 구축해야 한다. 이러한 제한적·전략적 활용은 국어과 쓰기 교육의 본질인 창의성, 자율성, 자기주도성 함양을 실현하는 핵심 방안이 될 수 있다.

AI와 인간의 협력 구조에 대한 위계 설정

자기주도적 AI 쓰기 프로젝트 수업의 효과를 극대화하기 위해서는 AI와 학습자 간 협력 구조의 위계를 명확히 설정할 필요가 있다. AI는 학습자의 인지적·정의적 성장을 유도하는 조력자(scaffolder)로서 기능해야 하며 사고의 흐름을 촉진하고 탐구 과정을 보조하는 방향으로 활용되어야 한다. 반면, AI가 학습자의 글을 학습자 대신 작성하는 공저자(co-author)처럼 기능하거나 텍스트 생산의 주체로 대체되는 경우 학습자의 창의적 사고력과 자기통제감이 약화될 수 있다. AI는 사고 확장을 위한 다양한 참고 자료와 언어적 자극을 제공할 수 있으나 최종 판단과 선택의 권한은 학습자에게 귀속되어야 한다. 본 연구 결과에서도 확인된 바와 같이, 학습자가 AI의 제안을 비판 없이 수용하거나 자동 생성된 표현을 대안적 사고 없이 채택할 경우 창의적 재구성력이 저하되며 이는 글쓰기 주체성과 판단력 약화로 이어진다. 장성민(2024) 역시 이러한 문제의식을 바탕으로 AI 기반 디지털 교과서 설계에 있어 학습자에게 최종 판단권을 부여하는 것을 핵심으로 제시하며 AI는 사고의 방향을 제시할 수는 있으나 결론을 대신 제시해서는 안 된다고 강조한다.

이러한 이유로 교육 현장에서 교사는 학습자가 AI의 제안에 대해 자기화, 변형, 비판적 거부가 가능하도록 과정 중심의 교수전략을 마련해야 한다. 특히 사고의 방향은 제시하되 결론은 학습자가 스스로 구성할 수 있도록 유도하는 과정 중심 질문을 수업에 적극적으로 도입하는 것이 중요하다. 이러한 협력 구조는 AI를 인지적 촉진 도구로 활용하면서도 학습자가 사고의 최종 결정권을 지닌 주체로 자리매김하도록 하는 핵심 조건이며, 이는 AI 활용 수업의 교육적 타당성과 정당성을 확보하는 데 중요한 기반이 된다.

교사의 역할 재정립: 메타인지 촉진자로서의 지도 전략

자기주도적 AI 쓰기 프로젝트 학습에서 교사는 학습자가 사고 과정을 성찰하고 조절할 수 있도록 안내하는 메타인지 촉진자(metacognitive facilitator)로서 핵심적 역할을 수행해야 한다. 이는 학습자의 사고 흐름을 구조화하고 자기주도적 학습 역량을 내면화하는 데 결정적인 조건이 된다. 창의적 자기효능감은 외부 자극이나 기술 도구의 제공만으로는 강화되지 않는다. 오히려 학습자가 자신의 사고 과정을 의식적으로 점검하고 전략을 계획·조정하며 결과를 평가하는 메타인지적 사고를 통해 실질적으로 고양된다(Schunk & Zimmerman, 2007). 이를 위해 교사는 AI 결과물을 학습자가 비판적으로 해석하고 판단할 수 있도록 지도 전략을 체계화해야 한다. 특히 학습자가 AI의 제안을 그대로 수용하는 것이 아니라 자신의 판단 기준에 따라 선별·조정·거부할 수 있도록 사고 촉진 질문 중심의 수업을 구성할 필요가 있다. 예를 들어, "AI가 제안한 문장을 선택한 이유는 무엇인가?", "이 문장이 글의 흐름이나 독자 고려에 적절한가?", "보다 창의적이거나 설득력 있는 표현은 무엇이 있을 수 있는가?"와 같은 과정 중심 질문은 학습자의 사고 경로를 명시적으로 드러내도록 유도하며 AI를 사고의 조력자로 인식하게 한다. 이러한 질문 중심 수업은 결과 중심 평가에서 벗어나 사고의 흐름과 전략적 판단 과정을 중시하는 과정 중심 쓰기 교육의 실천적 기반을 형성한다. 궁극적으로 이는 학습자의 메타인지적 성장과 자기주도적 글쓰기 역량 함양을 위한 핵심적 교수 전략으로 기능할 수 있다.

AI 리터러시 교육의 병행:
윤리·문식성 기반의 쓰기 수업 구성

　AI 기술의 국어과 쓰기 교육 도입은 학습자에게 새로운 학습 기회를 제공하는 동시에 표절, 정보 왜곡, 창의성 저하, 텍스트 소유권에 대한 인식 결여 등 다양한 교육적 부작용의 가능성도 수반한다. 이러한 우려는 AI를 활용한 쓰기 수업에서 윤리적 감수성과 비판적 문식성을 기반으로 한 AI 리터러시 교육의 필요성을 강하게 뒷받침한다. 김혜연(2025)은 예비교사들이 "AI에 지나치게 의존할 경우, 자기 생각 없이 글을 작성하거나 표절과 유사한 결과물이 양산될 수 있다."라는 우려를 제기하였다. 장성민(2024) 역시 AI 디지털 교과서의 도입이 긍정적인 효과를 실현하기 위해서는 윤리적 사용을 위한 교육적 장치 마련이 병행되어야 함을 강조하였다. 이는 AI 도구가 아무리 유용하더라도 학습자의 판단력과 표현의 주체성을 저해할 경우 그 활용은 교육적으로 정당화되기 어렵다는 점을 시사한다.

　이에 따라 AI 리터러시 교육은 다음의 다섯 가지 핵심 역량을 중심으로 체계화되어야 한다. 첫째, 정보 평가 능력으로 학습자는 AI 생성물의 신뢰성과 정확성을 비판적으로 검토할 수 있어야 한다. 둘째, 출처 인식 및 표기 능력으로 학습자는 AI가 참고한 데이터의 출처를 인식하고 적절히 인용·표기할 수 있어야 한다. 셋째, 저작권 및 창작성 인식 능력으로 생성된 문장을 무비판적으로 자신의 창작물로 오인하거나 제출하지 않도록 창작의 주체성과 소유권에 대한 인식을 지녀야 한다. 넷째, 맥락화 능력으로 AI 응답이 글의 목적, 상황, 독자에 적합한지를 판단하고 필요시 수정할 수 있어야 한다. 다섯째, AI 윤리 및 사회적 책임 인식으로 AI 생성 콘텐츠 사용이 가져올 수 있는 사회적·문화적·법적 쟁점에 대해 민감성을 갖추어야 한다. 따라서 자기주도적 AI 쓰기 프로젝트 학습에서는 학습자가 AI와의 상호작용에서 비판적 판단의 주체로 기능할 수 있도록 윤리 중심, 문해 중심의 교수 전략이 병행되어야 한다. 이를 위해 교사는 "이 결과물이 왜 문제적인가?", "이 문장을 그대로 사용하는 데에는 어떤 윤리적 문제가 있는가?", "이 문장은 누구의 생각인가?"와 같은 비판적 탐구 질문을 수업에 적극적으로 도입하여 학습자가 책임 있는 창작자로 성장할 수 있도록 이끌어야 한다.

자기주도적 AI 쓰기 프로젝트 학습은 기술 기반 교육과 문해 기반 교육이 통합된 교수·학습 체계로 재구성되어야 하며 AI 리터러시 교육은 그 핵심 축으로 작동해야 한다. 이는 국어과 쓰기 교육이 학습자의 판단력, 성찰성, 윤리성, 창의성 등을 포함하는 통합적 역량을 육성하는 방향으로 나아가야 함을 시사한다. AI 리터러시 교육은 학습자가 AI의 언어 결과물을 무비판적으로 수용하는 것이 아니라 사고의 주체로서 책임 있게 활용하고 표현할 수 있도록 돕는 필수적 교육 요소로 자리매김해야 한다. 이상의 논의에 따라 AI 활용 국어과 쓰기 교육은 학습자가 자기주도적 창작자로 성장할 수 있도록 교육적 환경을 조성해야 한다.

4. 공동체 기반 프로젝트 수업과 실천적 글쓰기의 가능성

본 연구에서 설계·적용한 자기주도적 AI 쓰기 프로젝트 학습은 학습자의 글쓰기 활동이 사회적 실천으로 확장될 수 있음을 실증적으로 입증하였다. 특히 수업의 마지막 단계에서는 학습자가 자발적으로 구성한 문제의식과 주장을 실행 가능한 계획으로 구체화하고 이를 실제 맥락에서 실천함으로써 글쓰기 교육이 현실 참여적 언어 실천으로 전환될 수 있음을 보여 주었다. 이러한 접근은 2022 개정 국어과 교육과정이 지향하는 '의미 있는 쓰기 경험 제공', '삶과 연계된 문제 해결력 함양', '공동체 역량 강화'의 방향성과도 긴밀히 연결된다. 특히 개정 교육과정이 강조하는 앎의 실천적 전환이라는 철학은 본 수업을 통해 사회 참여적 글쓰기 실현이라는 구체적 형태로 구현되었다.

학습자들은 AI의 지원을 통해 자신의 사고를 정교화하고 실행 가능한 대안을 구성한 후, 공동체 구성원과의 소통과 피드백을 통해 이를 사회적 실천으로 전환하는 경험을 수행하였다. 특히 생성한 텍스트를 공동체와 공유하고 피드백을 수용하는 과정을 통해 글쓰기가 공동체 내 의미 형성과 가치 변화에 기여할 수 있는 사회적 언어 실천임을 자각하게 되었다. 이는 학습자가 텍스트 생산자로서의 자기효능감과 의사소통 주체로서의 정체성을 형성하는 계기가 되었다. 결과적으로 학습자는 글쓰기를 공동체와 연결된 실천적 행위로 재인식하며 글쓰기를 통해 사회 참여적 변화를 유도할 수 있다는 확신을 갖게 되었다. 이를 위해 본 수업은 공동체 프로젝트 기반의 문제 해결과 사회 기여라는 실천적 목표로 학습자의 경험을 구조화하였다. 이와 관련하여 장성민(2024)은 AI 기반 디지털 교과서가 소셜 읽기(social reading), 공동 작문(co-authoring), 피어 피드백(peer feedback)과 같은 협력적 쓰기 활동을 충분히 반영하지 못하고 있다고 비판하며, 학습자 간 상호작용과 집단적 의미 구성 과정을 촉진할 수 있도록 AI 플랫폼이 재설계되어야 한다고 강조한 바 있다. 본 연구는 이러한 관점을 반영하여 AI를 학습자의 협업적 사고와 공동체 실천을 매개하는 다중 상호작용형 인지 파트너로 설정하고 수업 구조를 설계하였다. 결론적으로 자기주도적 AI 쓰기 프로젝트 학습은 학습자의 개인적 문제 인식을 출발점으로 삼아 사회적 실천으로 확장하는 공동체 기반 글쓰기 수업의 효과성을 실증적으로 확인하였다. 이는 창의성, 비판적 사고력, 자기주도성, 윤리 의식 등 핵심 역량을 실제적으로 함양할 수 있는 실행 가능한 수업 모델로 기능하며 공동체 기반 프로젝트 수업과 실천적 글쓰기 교육의 통합 가능성을 구체화하였다. 나아가 자기주도적 AI 쓰기 프로젝트는 AI 시대 국어과 교육의 새로운 패러다임을 형성할 수 있는 축으로 작용하며 학습자가 자신의 삶과 사회를 성찰하고 의미를 재구성하며 변화에 능동적으로 참여하는 주체적 필자로 성장할 수 있도록 하는 실천적·철학적 기반을 제공한다.

5부

AI와 함께 여는
글쓰기 교육의 미래

- 자기주도적 AI 쓰기 프로젝트의 톺아보기

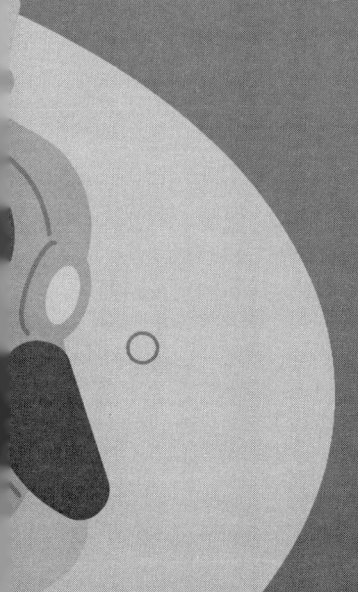

1. 연구 요약

　본 연구는 자기주도적 AI 쓰기 프로젝트 학습이 고등학생의 자기결정성 동기와 창의적 자기효능감에 미치는 영향을 실증적으로 분석하였다. 특히 쓰기 과정 중 내용 생성하기 단계에서의 AI 활용 효과에 주목하여 2차시(발산적 사고 중심)와 3차시(수렴적 사고 중심)를 중심으로 혼합설계 분산분석과 Bonferroni 사후검정을 실시하였다. 연구 결과는 해당 단계에서의 AI 활용이 학습자의 심리적 동기와 학습 태도에 긍정적인 영향을 미칠 수 있음을 보여 주었다. 이는 자기주도적 학습을 지원하는 교육적 도구로서 AI의 가능성을 실증적으로 뒷받침하는 한편, 미래 교육의 방향성에 대한 새로운 시사점을 제공한다. 아울러 내용 생성 단계(2~3차시) AI 활용 여부에 따라 자기결정성 동기와 창의적 자기효능감에 유의미한 차이가 나타나는 것으로 확인되었다. 이는 AI가 학습자의 사고 흐름과 자기주도적 태도를 촉진하는 인지적·정의적 촉진자로 기능할 수 있음을 실증적으로 보여 준다. 또한 AI의 활용 시점과 빈도에 따라 학습 효과가 달라질 수 있음을 확인함으로써 향후 교육 현장에서 AI를 전략적이고 단계적으로 활용할 필요성을 제시한다.

본 연구는 제안한 세 가지 연구 문제를 중심으로 자기주도적 AI 쓰기 프로젝트가 고등학생의 인지적·정의적 특성에 미치는 영향을 실증적으로 분석하였다.

첫째, "자기주도적 AI 쓰기 프로젝트가 고등학생의 자기결정성 동기와 창의적 자기효능감에 영향을 미치는가?"라는 질문에 대한 분석 결과, 자기결정성 동기의 네 하위 변인(외적 조절, 내사된 조절, 확인된 조절, 내적 조절)과 창의적 자기효능감의 두 하위 변인(창의적 사고 효능감, 창의적 수행 효능감) 모두에서 통계적으로 유의미한 향상이 확인되었다. 특히 AI를 반복적이고 구조적으로 활용한 집단은 외적 조절이 유의미하게 감소하고, 확인된 조절과 내적 조절이 뚜렷하게 증가하였다. 이는 AI가 학습자의 자율적 동기 형성과 내면화 과정에 실질적 영향을 미쳤음을 보여준다. 또한 창의적 자기효능감 측면에서도 AI는 아이디어 생성에서 실행까지의 전 과정을 촉진하였다. 발산적 사고 중심의 2차시에서는 사고 유연성과 표현 실험을 자극하고, 수렴적 사고 중심의 3차시에서는 논리적 구성과 정교한 실행력을 강화하였다. 특히 수렴 단계에서의 AI 활용은 창의적 수행 효능감 향상에 핵심적 기제로 작용하였으며, 이는 AI가 고차 사고를 실현 가능한 행동으로 전환시키는 인지적 기반을 제공했음을 시사한다.

아울러 AI의 활용 시점과 활용 지속성 간 상호작용 효과도 통계적으로 유의미하였다. 이는 AI를 언제, 어떻게, 얼마나 활용하느냐가 학습자의 동기 구조 및 창의성 발현에 결정적인 변수로 작용함을 의미한다. 특히 AI의 반복적이고 전략적인 활용은 자기결정성 동기 고양과 창의적 자기효능감 신장의 핵심 요소로 확인되었다. 이러한 결과는 AI가 학습자의 자기주도적 사고와 창의적 수행을 유도하는 교육적 매개로 기능할 수 있음을 실증적으로 입증하며 향후 AI 기반 쓰기 교육의 방향성을 제시하는 중요한 시사점을 제공한다.

둘째, "AI를 활용한 자기주도적 쓰기 프로젝트 학습 방법은 기존 학습 방법과 비교하여 어떤 변별적 효과를 나타내는가?"라는 연구 문제에 대한 실증적 분석 결과, 자기주도적 AI 쓰기 프로젝트 학습은 기존의 전통적 쓰기 교육에 비해 자기결정성 동기와 창의적 자기효능감 모두에서 유의미한 향상 효과를 보였다. 이는 AI의 활용이 학습자의 인지적·정의적 참여를 활성화시키며 자기주도적 사고를 촉진하는 데 효과적 교육 전략임을 입증한다. 첫째,ND자기결정성 동기의 측면에서 전통적 학습 방식은 교사의 평가와 피드백에 대한 의존도가 높아 학습자가 수동적으로 글쓰기에 참여하는 경향을 보였다. 반면, AI 기반 학습에서는 실시간 피드백을 통해 학습자가 자율적으로 아이디어를 확장하고 글을 발전시킬 수 있었다. 이 과정에서 외적 조절은 낮아지고 확인된 조절 및 내적 조절 수준이 유의미하게 향상되었다. 이는 AI 활용이 학습자의 자율성과 주체성을 강화하는 데 실질적으로 기여함을 의미한다. 둘째, 창의적 자기효능감의 측면에서 기존의 전통적 방식은 아이디어 발산과 구조화 과정에서 학생들이 어려움을 겪고 교사의 지시에 수동적으로 따르는 양상이 강하였다. 이에 반해 AI를 활용한 수업에서는 학습자가 AI의 제안과 피드백을 바탕으로 아이디어 확장과 논리적인 구조화를 통해 창의적 사고력과 수행 능력 모두에서 향상이 나타났다. 특히 AI의 반복적 개입은 학습자의 창의적 문제 해결력과 자기주도적 글쓰기 수행을 정교화하는 데 긍정적으로 작용하였다. 따라서 자기주도적 AI 쓰기 프로젝트는 기존 교수 방식과 비교하여 인지적·정의적 측면 모두에서 더 효과적인 교육적 접근임이 실증적으로 확인되었다.

자기주도적 AI 쓰기 프로젝트 학습은 기존의 전통적 쓰기 지도 방식에 비해 학습자의 자기결정성 동기와 창의적 자기효능감을 효과적으로 향상시키는 교육적 전략이 될 수 있음을 본 연구는 실증적으로 입증하였다. 특히 AI의 활용 시점과 빈도에 따라 학습자의 인지적·정의적 특성에 미치는 영향이 차별적으로 나타났으며, 이는 실험 집단 간 비교에서 집단 D 〉 집단 C 〉 집단 B 〉 집단 A의 순으로 명확하게 확인되었다. 이와 같은 결과는 내용 생성하기 단계(2차시: 발산적 사고, 3차시: 수렴적 사고)에서 AI를 반복적으로 활용한 집단이 자기결정성 동기의 내재화 수준, 창의적 사고력, 자기효능감, 글쓰기 성취도의 전반적 영역에서 가장 두드러진 향상을 보였음을 시사한다.

기존의 전통적 쓰기 교육은 교사의 일방적인 피드백과 학습자의 수동적 수정을 중심으로 진행되며 학습자의 자율성과 창의성을 발현하기에 제한적인 구조였다. 반면, 본 연구에서 적용한 자기주도적 AI 쓰기 프로젝트 수업은 학습자가 AI의 피드백을 실시간으로 수용 조정하면서 사고를 능동적으로 확장하고 이를 창의적으로 표현할 수 있는 환경을 제공하였다. 이 과정에서 AI는 학습자의 근접발달영역(Zone of Proximal Development, ZPD)을 확장시키는 인지적 비계 이론과 밀접하게 연결된다. AI는 학습자가 혼자서는 해결하기 어려운 사고 과업을 수행할 수 있도록 돕는 인지적 비계(cognitive scaffold)로서 기능한다. 특히 글쓰기에 대한 심리적 장벽을 지닌 학습자들에게도 자기주도적 글쓰기의 가능성을 열어 주었다. AI는 아이디어 생성, 조직, 표현의 정교화까지 학문 목적 글쓰기에서 요구되는 고차 사고 기능을 자연스럽게 유도하였으며 반복적 피드백을 통해 학습자는 논리적 구성력과 설득력 있는 서술 역량을 체화할 수 있었다. 결과적으로 AI 기반 수업은 전통적 방식보다 학습자의 내재적 동기와 창의적 역량을 활성화하는 데 실질적으로 더 효과적이었으며 학습자가 사고의 주체로 기능하는 자기주도적 창작자로 성장할 수 있도록 지원하는 강력한 교육 전략으로서의 가능성을 보여 주었다.

셋째, "자기주도적 AI 쓰기 프로젝트 과정 중 내용 생성하기(2~3차시) 단계에서 AI 활용 여부에 따른 변별적 효과가 있는가?"에 대한 분석을 통해 AI 기반 학습의 글쓰기 성취도 향상 효과를 실증적으로 확인하였다. 연구 결과, 글쓰기 성취도의 하위 변인인 내용, 조직, 표현 전반에서 AI 활용 여부, 활용 시점, 활용 빈도에 따라 통계적으로 유의미한 차이가 나타났으며 이는 AI가 학습자의 사고 흐름을 인지적으로 촉진하는 도구로 기능함을 시사한다. 특히 AI를 발산적 사고 중심의 2차시에 활용한 집단은 아이디어 생성과 사고 확장 측면에서 높은 성취를 보인 반면, 조직과 표현 영역에서는 상대적으로 제한된 효과를 보였다. 반면, 수렴적 사고 중심의 3차시에서 AI를 활용한 집단은 논리적 구성과 문장 정교화 측면에서 뚜렷한 향상을 나타냈으며 이는 자기 점검과 자기 통제 전략의 내면화에 효과적으로 기여한 것으로 해석된다. 더욱이 발산과 수렴 단계를 모두 통합하여 AI를 반복적으로 활용한 집단에서는 세 하위 변인 모두에서 가장 높은 글쓰기 성취도를 보였으며 이는 AI가 사고의 생성, 조직, 표현의 전 과정을 통합적으로 지원할 때 글쓰기 수행력이 심화된다는 점을 입증한다. 이러한 결과는 AI가 발산 단계에서는 사고의 폭을 확장시키는 탐색 도구로, 수렴 단계에서는 논리 구성과 자기 성찰을 지원하는 전략적 피드백 도구로 기능함을 보여 준다. 다만, 표현 영역에서는 일부 집단 간 유의미한 차이가 나타나지 않는 경우도 있었다. 이는 AI의 반복적이고 정형화된 표현 방식이 학습자의 개별적 표현 감각과 정서적 전달 능력을 충분히 자극하지 못했을 가능성을 시사한다. 이로부터 AI의 피드백이 표현 명료성 향상에는 효과적이나 정서적 표현, 문체 조절, 감성적 전달력과 같은 고차원적 표현 능력에서는 일정한 한계를 지닌다는 점도 함께 고려되어야 한다.

  본 연구는 AI의 활용 시점과 빈도가 글쓰기 성취도 향상에 실질적인 차이를 유발하며 AI의 반복적이고 구조화된 개입이 사고 확장, 논리 구성, 표현 정교화라는 전 과정을 유기적으로 심화시킬 수 있는 전략임을 실증적으로 입증하였다. 이러한 결과는 자기주도적 AI 쓰기 프로젝트 학습이 학습자의 사고 흐름 전반을 고려하는 전략적 교수 도구로 자리매김할 수 있으며, 향후 발산-수렴 사고 구조에 부합하는 정교한 AI 활용 설계 전략의 수립이 교육 현장에서 핵심적인 과제로 요구됨을 시사한다.

  본 연구의 교육적 시사점은 다음과 같다. 첫째, AI는 국어과 글쓰기 수업의 패러다임 전환을 촉진하는 핵심 매개체로서 글쓰기 과정 중심의 교수·학습 모형에 통합적으로 적용될 수 있다. 둘째, AI는 학습자의 정의적 태도와 자기주도적 역량을 강화하는 전략적 도구로 기능할 수 있으며 그 효과는 활용 시점과 방식에 따라 차별적임으로 교사의 교육 설계 역량이 중요하다. 셋째, AI 기반 글쓰기 교육은 학습자의 사고 흐름을 중심으로 한 사고 촉진형 통합 교육 모형으로 발전해야 하며 이는 미래 글쓰기 교육의 핵심 방향으로 자리매김할 수 있다.

결론적으로, 본 연구는 AI 기술이 학습자의 창의성과 자기주도성을 증진시키는 유의미한 교육적 자원임을 실증적으로 입증하였으며 이는 AI 시대의 국어교육이 나아가야 할 실천적 방향을 제시한다.

2. 연구의 한계 및 후속 연구 제언

본 연구는 자기주도적 AI 쓰기 프로젝트 학습이 고등학생의 자기결정성 동기와 창의적 자기효능감에 미치는 영향을 실증적으로 분석하고 AI 기반 학습이 인지적·정의적 역량 증진 가능성을 탐색하고자 하였다. 연구는 AI 기술의 제한적·부분적 활용을 원칙으로 설계되었으며 그 효과는 정량적 분석을 통해 검증되었다. 그러나 다음과 같은 몇 가지 한계를 내포하고 있으며 이를 바탕으로 향후 연구의 방향을 제안하고자 한다.

첫째, 본 연구는 표집 대상이 서울 지역의 단일 고등학교 2학년 학생 128명에 국한되어 있어 결과의 일반화에 제한이 있다. 학습자의 연령, 지역, 문화적 배경 등은 AI 수용 태도 및 자기주도적 학습 역량에 영향을 미칠 수 있으므로 향후 연구에서는 다양한 지역 및 학교급의 학습자를 포함하여 외적 타당도를 제고할 필요가 있다.

둘째, 본 연구는 7차시에 걸친 단기 프로그램을 기반으로 하였기 때문에 AI 활용이 학습자의 정의적 특성에 미치는 장기적 효과와 그 지속 가능성에 대한 분석은 제한적이다. 자기결정성 동기와 창의적 자기효능감은 반복적 실천과 상호작용을 통해 점진적으로 내면화되는 특성을 지니므로 후속 연구에서는 장기 종단적 설계를 통해 정의적 변화의 유지 여부와 전이 양상을 정밀하게 추적할 필요가 있다.

셋째, 본 연구에서는 AI 윤리 교육 및 AI 리터러시 함양의 필요성을 강조하고 수업 설계에 이를 반영하였으나 학습자의 윤리적 태도 형성에 대한 실증적 효과 분석은 수행하지 못하였다. AI 생성 결과물에 대한 비판적 해석 능력, 출처 인식 및 표기, 창의성과 표절의 경계 판단은 AI 활용 시대의 필수 역량이다. 향후 연구에서는 이러한 윤리적 역량을 정량적 지표로 측정하고 학습자의 인식 변화 및 태도 형성을 질적 방법과 병행하여 종합적으로 검토할 필요가 있다.

이러한 한계점을 보완하고 연구의 외연을 확장하기 위해 다음과 같은 후속 연구 방향을 제안하고자 한다.

첫째, AI 기반 학습 모형의 체계화 및 정착을 위한 실천적 연구가 필요하다. AI 도구의 교육적 효과를 극대화하기 위해서는 학습자의 사고 흐름과 AI 기능이 유기적으로 통합된 교수학습 모형이 설계되어야 한다. 특히 AI 활용 시점과 빈도에 따른 단계별 수업 설계 전략이 정교하게 정립될 필요가 있다. 이를 통해 AI 활용이 일회적 자극에 그치지 않고 학습자의 인지 발달과 정의적 내면화를 지속적으로 지원할 수 있는 구조를 마련해야 한다.

둘째, 교사의 AI 리터러시 함양과 수업 설계 역량 강화를 위한 교사 연수 및 지원 체계 구축이 병행되어야 한다. 교사의 디지털 활용 역량은 AI

기반 수업의 질적 수준과 직결되며, 이에 따라 실천 중심의 연수 프로그램 개발, 수업 설계 가이드라인 제공, 사례 기반 교사 공동체 운영 등 다각적인 지원이 이루어져야 한다. 교사가 AI를 효과적으로 통합할 수 있는 전문성을 갖추는 것은 AI 기반 글쓰기 수업의 지속 가능성을 확보하는 핵심 요건이다.

셋째, AI 윤리 교육 및 디지털 시민성 함양을 위한 교육 프로그램의 개발과 그 효과에 대한 실증적 검토가 요구된다. AI 기술의 확산은 학습자가 디지털 환경에서 책임 있는 판단과 표현을 수행할 수 있는 윤리적 역량을 필수적으로 요구하고 있다. 이에 따라 AI 윤리 교육은 정보 평가, 출처 인식, 저작권 의식, 사회문화적 감수성 등을 포괄하는 가치 기반 교육으로 설계되어야 하며 해당 프로그램의 효과성은 정량·정성적 연구를 통해 검증할 필요가 있다.

마지막으로, 다양한 글쓰기 장르 및 교육 맥락에서 AI 기반 쓰기 수업의 효과를 검토하는 확장 연구가 필요하다. 본 연구는 설득적 글쓰기를 중심으로 구성되었으나 향후에는 창작문, 설명문, 실용문 등 다양한 장르로의 적용 가능성과 그 효과성을 분석함으로써 AI 기반 쓰기 교육의 보편성과 응용 가능성을 높일 수 있을 것이다. 또한 학년별·학교급별 특성을 고려한 다층적 접근도 병행되어야 한다.

결론적으로, 본 연구는 자기주도적 AI 쓰기 프로젝트 수업이 고등학생의 자기결정성 동기와 창의적 자기효능감에 긍정적 영향을 미칠 수 있음을 실증적으로 제시하였다. 그러나 향후 교육 현장 전반으로의 확산과 실천적 적용을 위해서는 보다 장기적이고 다면적인 후속 연구가 요구된다. 특히 AI 기술의 교육적 활용이 학습자 중심의 정의적·사회문화적 역량 증진으로 이어지기 위해서는 도구와 인간, 설계와 경험, 인지와 윤리를 아우르는 통합적 접근이 필요하다.

참고문헌

자료

교육부(2021), 『2022 개정 교육과정 총론 시안』.

교육부(2022), 초·중·고등학교 교육과정 총론, 교육부 고시 제2022-33호 [별책 1].

교육부(2022), 고등학교 교육과정, 교육부 고시 제2022-33호 [별책 4].

교육부(2022), 국어과 교육과정, 교육부 고시 제2022-33호 [별책 5].

국내문헌

가. 단행본

강인애(1997), 『왜 구성주의인가-정보화시대와 학습자 중심의 교육환경』, 문음사, 16면.

강인애 외(2011), 『교실 속 즐거운 변화를 꿈꾸는 프로젝트 학습』 고양, 상상채널, 67면, 146면, 115면.

권순희, 김경주, 송지언, 이영호, 이윤빈, 이정찬, 주재우, 변경가(2024), 『작문 교육론(개정판)』, 사회평론아카데미. (원저 2018).

박영민 외(2016), 『작문교육론』, 서울: 역락.

박영목, 한철우, 윤희원(2009), 『국어교육학원론』, 박이정.

이재승(2002), 『글쓰기 교육의 원리와 방법-과정 중심 접근-』, 교육과학사, 47면.

원진숙(1995), 『논술교육론』, 박이정.

장성민(2024), 『AI시대의 글쓰기』, 커뮤니케이션북스.

최현섭 외(2000), 『구성주의 작문 교수 학습론』, 박이정.

한순미, 김선, 박숙희, 이경화, 성은현(2005), 『창의성』, 서울: 학지사.

나. 연구논문

강명희, 김민정, 김혜정, 엄소연, 정혜윤(2010), 「웹기반 협력학습의 상호작용 및 성취도에 대한 학습자의 협력지향성과 자기효능감의 예측력 규명」, 『교육학연구』, 48(1), 한국교육학회, 157-180면.

강동훈(2023), 「챗지피티(ChatGPT)의 등장과 국어교육의 대응」, 『국어문학』, 82, 국어문학회, 469-496면.

권태현(2023), 「인공지능 시대의 글쓰기와 작문 교육의 방향 탐색」, 『한민족문화연구』, 83, 한민족문화학회, 137-174면.

권태현, 박현(2023), 「쓰기 교수·학습을 위한 자동 피드백 방안 탐색」, 『국어교육연구』, 181, 한국어교육학회, 73-118면.

기혜선(2023), 「대학생의 챗GPT 활용 글쓰기 경험 탐색」, 『문화와 융합』, 9, 한국문화융합학회, 853-868면.

김민정(2001), 「초등학생의 통제소재 및 자기효능감과 창의성과의 관계」, 진주교육대학교 교육대학원 석사학위 논문.

김명희(2023), 「ChatGPT를 활용한 한국어 글쓰기 교수-학습 방안 연구」, 『한국문예창작』, 22(2), 한국문예창작학회, 55-86면.

김영철, 지현배(2012), 「글쓰기에서의 내용 생성하기와 그 첨삭 사례」, 『인문학 연구」, 22, 경희대학교 인문학연구원, 165-183면.

김아영 외(2001), 「자기결정성 정도에 따른 동기유형의 분류」, 『교육심리연구』, 15(4), 한국교육심리학회, 97-119면.

김아영, 오순애(2001), 「자기결정성 정도에 따른 동기유형의 분류」, 『교육심리연구』, 15(4), 한국교육심리학회, 23-52면.

김아영(2002), 「자기결정성 이론에 따른 학습동기 유형 분류체계의 타당성」, 『교육심리연구』, 16(4), 한국교육심리학회, 169-187면.

김은영(2007), 「초·중·고등학생의 자기결정동기와 자기조절학습간의 관계 연구」, 숙명여자대학교 석사학위논문.

김중신(2011), 「어휘를 통한 정의적 텍스트 생산 전략」, 『새국어교육』, 40, 국어교육학회, 5-25면.

김장수(1997), 「아이디어 생성 훈련이 문단 쓰기 능력에 미치는 효과」, 한국교원대학교 석사학위논문.

김준회(2009), 「내용 생성하기 전략 지도가 쓰기에 미치는 영향」, 고려대학교 교육대학원 석사학위논문.

김종규, 원만희(2021), 「인공지능 시대와 미래 리터러시의 향방 - 인공지능 시대와 리터러시 선언문」, 『동서철학연구』, 102, 한국동서철학회, 531-553면.

김혜숙(2010), 「창의적 수행능력 관련변인에 대한 구조모형: 개인적 특성, 과제, 심리적 과정특성 및 환경 변인의 관계」, 『영재와 영재교육』, 9(2), 한국영재교육학회, 103-125면.

김혜연(2014), 「쓰기 과정에서 생성하기와 검토하기의 역동적 상호작용」, 서울대학교 박사학위논문.

김혜연(2015), 「예비 초등 교사의 글쓰기 요구 인식 -정체성 인식과의 관련성을 중심으로」, 『국어교육연구』 36, 서울대학교 국어교육연구소, 425-462면.

김혜연(2016), 「대학생의 학습 목적 글쓰기에서 지식 구성의 양상 고찰 -혼합 연구 방법론의 적용」, 『작문연구』 30, 한국작문학회, 29-68면.

김혜연(2025), 「생성형 인공지능 활용 글쓰기에 대한 예비교사의 인식 – 근거 이론에 의한 탐구」, 『작문연구』, 64, 한국작문학회, 93-128면.

김효정, 오새내(2023), 「대학생의 ChatGPT 사용 의식과 과제 표절 인식의 관계」, 『한성어문학』, 50, 한성어문학회, 253-281면.

노대원, 홍미선(2023), 「ChatGPT 글쓰기 표절 대응과 교육적 활용 전략」, 『국어교육연구』, 82, 국어교육학회, 71-102면.

노은희 외(2022a), 『2022 개정 국어과 교육과정 시안 개발 연구』, 한국교육과정평가원 연구보고 CRC 2022-2.

노은희 외(2022b), 『2022 개정 국어과 교육과정 시안(최종안) 개발 연구』, 한국교육과정평가원 연구보고CRC 2022-14.

민병곤, 김종철, 구본관, 손원숙, 김혜정, 박재현, 김승현, 서보영, 이문수, 장지혜, 이효정, 차경미, 강지영, 김동섭, 허모아(2018), 「2018년 국민의 국어능력 실태 조사」, 국립국어원.

민병곤, 장성민(2016), 「대학수학능력시험 "국어" 작문 영역 평가의 타당성 검토 – 선다형 점수와 수행형 점수의 상관관계를 중심으로 –」, 『작문연구』, 29, 한국작문학회, 163-209면.

문종순(2002), 「자기주도적 학습을 통한 단계형 글쓰기 표현력 신장 방안」, 아주대학교 교육대학원 석사학위논문.

박미희(1994), 「아이디어 생성 훈련이 작문의 질에 미치는 효과」, 이화여자대학교 교육대학원 석사학위논문.

박민정(2007), 「프로젝트 기반 수업을 통한 대학원 학생들의 학습경험에 관한 연구」, 『교육과정연구』, 25(3), 265-288면.

박성석, 민병곤(2020), 「읽기 동기의 자기결정성에 따른 독해력 차이: 중학교 1~3학년을 중심으로」, 『독서연구』, 57, 한국독서학회, 83-106면.

박성석 외(2021), 「자기결정적 읽기 동기 척도의 개발 및 타당화」, 『독서연구』, 58, 한국독서학회, 227-263면.

박숙자(2024), 「챗GPT와 대학 글쓰기: 학습자 중심의 AI 피드백 – 문장 첨삭을 중심으로」, 『교양학연구』, (27), 다빈치미래교양교육 연구소, 101-141면.

박수자(2002), 「쓰기 과정에서 내용 생성에 초점을 둔 쓰기 지도」, 『국어교육』, 109, 한국어교육학회, 33-68면.

박인기(2014), 「미래 핵심역량, 창의인성, 그리고 작문교육 글쓰기의 미래적 가치 – 글쓰기의 미래적 효능과 글쓰기 교육의 양태」, 『작문연구』, 20, 한국작문학회, 9-36면.

박영민(2010), 「쓰기 지식과 쓰기 동기가 중학생의 설명문 쓰기 능력에 미치는 영향」, 『새국어교육』, 84, 한국어교육학회, 127-152면.

박영민, 최숙기(2009), 「우리나라 학생들의 쓰기 효능감 발달 연구」, 『새국어교육』, 82, 한국국어교육학회, 95-125면.

배혜진(2022), 「글쓰기 효능감 향상을 위한 교과 운영 및 피드백 방안-K대학의 글쓰기 교과 사례를 중심으로」, 『교양교육연구』, 16(5), 한국교양교육학회, 101-112면.

손달임(2023), 「교양 글쓰기 수업에서 ChatGPT의 활용 가능성과 한계」, 『사고와 표현』, 16(2), 한국사고와표현학회, 33-65면.

서수현(2023), 「2022 개정 국어과 교육과정 쓰기 영역의 특징과 지향」, 청람어문교육학회, 『청람어문교육』, 92, 청람어문교육학회, 341-367면.

성은현, 조경자(2005), 「예비 유아교사의 내외 통제성, 자기효능감, 창의성의 관계에 대한 탐색 연구」, 미래유아교육학회지, 12(3), 31-52면.

송의련(2006), 「쓰기 전(前) 과정 전략 지도가 쓰기 능력 수준에 미치는 효과」, 대구교육대학교 교육대학원 석사학위논문.

송정윤, 김경환(2016), 「초, 중, 고등학생의 글쓰기 어려움에 대한 인식 연구」, 『청람어문교육』, 57, 청람어문학회, 97-131면.

신문승(2010), 「초등학생 영재 판별을 위한 창의적 성향 검사 개발 연구」, 한국교원대학교 대학원 박사학위 논문.

신주은, 박판우, 배영권(2023), 「생성형 인공지능의 교육적 도입에 대한 내러티브 검토」, 『정보교육학회논문지』, 27(6), 한국정보교육학회, 665-681면.

신정아(2024), 「챗GPT를 활용한 설득적 글쓰기 교수-학습 방안 연구: 학습자 질문 생성 전략을 중심으로」, 이화여자대학교 석사학위논문.

이경화(2002), 「4, 5세 유아의 창의적 능력과 창의적 성격」, 『교육심리 연구』, 16(3), 한국교육심리학회, 147-160면.

이영미(2013), 「공과대학 팀 기반 프로젝트 학습 관련 요인 탐색」, 『학습자중심교과교육연구』, 13(6), 351-375면.

이미정(2022), 「온라인 대학 글쓰기 교육과 자기주도학습」, 『리터러시 연구』, 13(4), 한국리터러시학회, 191-215면.

이명근, 오유진(2011), 「프로젝트 기반 초등 수학교육의 학습양식 효과분석」, 『한국컴퓨터정보학회 학술발표논문집』, 19(2), 한국컴퓨터정보학회, 261-264면.

이명숙(2000), 「아이디어 생성 전략의 정교화 연구」, 인천교육대학교 교육대학원 석사학위논문.

이선영(2011), 「글쓰기 지도에서 내용 생성하기 교수·학습 활동 효과」, 부산대학교 석사학위논문.

임성규, 정미희(2004), 「쓰기 교육에서 전략의 의미와 적용」, 『한국초등국어교육』, 25, 한국초등국어교육학회, 185-212면.

안예림(2024), 「대학 글쓰기 수업에서 생성형 인공지능의 비판적 활용을 위한 연구: 자기소개서의 장점과 단점 항목을 중심으로」, 『교양학연구』, (27), 14, 다빈치미래교양연구소, 3-173면.

양근식(2007), 「자기주도적 쓰기 학습 프로그램 개발 및 효과에 관한 연구」, 목포대학교 박사학위논문.

양일동(2024), 「챗GPT를 활용한 시쓰기 방안 연구」, 『학습자중심교과교육연구』, 학습자중심교과교육학회, 24, 619-634면.

양일동(2024), 「AI 시대 국어과 디지털 활용 교육 연구: 디지털을 활용한 팀 발표 영상 제작 수업이 중학생의 수업참여도 및 학습경험에 미치는 영향」, 학습자중심교과교육학회, 16, 657-672면.

원진숙(1994), 「작문 교육의 이론적 기초와 방법론 연구」, 고려대학교 박사 학위논문.

원진숙(2019), 「작문 교육과정의 과거, 현재, 그리고 미래」, 『작문연구』, 41, 한국작문학회, 191-224면.

오선경(2023), 「대학 교양 글쓰기에서의 챗GPT 활용 사례와 학습자 인식 연구」, 『교양교육연구』, 17(3), 한국교양교육학회, 11-23면.

오선경, 장미정, 박정은(2023), 「대학 글쓰기에서의 생성형 AI 활용 윤리에 대한 학부생 인식 연구」, 『리터러시 연구』, 14, 한국리터러시학회, 69-96면.

원만희, 김종규(2021), 「인공지능 시대와 미래 리터러시의 향방 – 인공지능 시대와 리터러시 선언문 –」, 『동서철학연구』, 102, 한국동서철학회, 531-553면.

유경훈(2013), 「중학생의 창의적 사고능력과 자기효능감, 자기 결정성 동기 간의 관계」, 『한국산학기술학회논문지』, 14(3), 한국산학기술학회, 1157-1163면.

유인근, 박형용(2023), 「초등 국어과 글쓰기 교육을 위한 AI 문장 생성 웹 서비스 개발」, 『교과교육학연구』, 27(2), 이화여자대학교 교과교육연구소, 210-221면.

윤용찬, 양용철(2003), 「마인드맵 기법을 활용한 초등학생의 글쓰기 학습에 관한 사례연구」, 『교육학연구』, 41(3), 한국교육학회, 371-398면.

윤인선(2023), 「생성형 AI 시대의 교양교육으로서 글쓰기 교육과 리터러시 역량」, 『리터러시 연구』, 14(4), 한국리터러시학회, 13-40면.

은영신, 유태용, 서학삼(2012), 「주도적 성격과 창의적 행동 간의 관계: 학습목표지향성의 매개효과와 자기효능감, 조직풍토, 상사지원의 조절효과」, 『한국심리학회지 산업 및 조직』, 25(3), 한국산업 및 조직심리학회 607-632면.

이윤빈(2013), 「담화 종합을 통한 텍스트 구성 양상 연구」, 연세대 박사학위 논문.

이윤빈(2023), 「대학생 필자의 글쓰기 과정에서 챗GPT에 대한 질문 양상 연구: 쓰기 수준별 필자 집단의 비교를 중심으로」, 『교양교육연구』, 17(4), 한국교양교육학회, 35-52면.

이진기(2008), 「글쓰기 활동이 초등학생의 자기주도적 학습에 미치는 효과 연구 – 총체적 언어학습을 기반으로」, 경희대학교 석사학위논문.

이재승(2007), 「글쓰기 동기의 영향 요인과 지도 방향」, 『한국초등국어교육』, 33, 한국초등국어교육학회, 325-346면.

이재승(2010), 「작문 이론의 변화와 작문 교육에서의 수용」, 『국어교육』, 131, 한국어교육학회, 499-521면.

이재승(2011), 「글쓰기 효능감 연구의 동향」, 『한국초등국어교육』, 46, 한국초등국어교육학회, 245-267면.

임지현 외(2007), 「초등학생의 학년과 성별에 따른 자기결정성 수준이 학업성취도에 미치는 효과」, 『교육방법연구』, 한국교육방법학회, 19, 163-181면.

장성민, 민병곤(2016), 「대학수학능력시험 "국어" 작문영역 평가의 타당성 검토: 선다형 점수와 수행형 점수의 상관관계를 중심으로」, 『작문연구』, 29, 한국작문학회, 163-209면.

장성민(2023), 「챗GPT가 바꾸어 놓은 작문교육의 미래 –인공지능 시대, 작문 교육의 대응을 중심으로–」, 『작문연구』, 56, 한국작문학회, 7-34면.

장성민(2023), 「포스트 챗GPT 시대에 평생 필자 기르기」, 『리터러시 연구』, 14(5), 한국 리터러시 학회, 295-322면.

장성민(2024), 「국어과 쓰기 영역에서의 AI 디지털 교과서 적용 가능성 및 쟁점 탐색」, 『국어교육』, 186, 한국어교육학회, 65-97면.

장지혜, 송지언(2019), 「논증적 글쓰기의 수정하기 활동에서 피드백 방식과 필자 수준에 따른 피드백의 효과성 탐색 –예비 교사 협조자 피드백과 동료 피드백에 대한 반응 비교를 중심으로–」, 『작문연구』, 42, 한국작문학회, 95-137면.

정희모(2013), 「작문 연구의 방향과 전망 –대학 작문에서 인지적 연구의 필요성과 방향–」, 『작문연구』, 18, 한국작문학회, 9-33면.

정희모(2015), 「미국대학에서 '글쓰기에 관한 글쓰기' 교육의 특성과 몇 가지교훈」, 『대학작문』, 10, 대한작문학회, 151-178면.

주민재(2023), 「생성형 인공지능 시대의 글쓰기 교육 방향 모색 – '쓰기 전 단계'에서 ChatGPT 활용에 대한 대학 학습자의 효용성 인식 분석을 중심으로」, 『돈암어문학』, 44, 돈암어문학회, 71-103면.

조인혜(2005), 「내용 생성과 조직화 전략을 통한 쓰기 지도 방안 연구」, 국민대학교 교육대학원 석사학위논문.

조은수(1997), 「쓰기 능력 발달에 영향을 미치는 요인 연구」, 한국교원대학교 석사학위논문.

조희정(2011), 「대학 교양 수업의 비평문 쓰기 교육 연구-내용 생성 전략을 중심으로-」, 『작문연구』, 12, 한국작문학회, 359-396면.

조현철(2000), 「자기결정적 학습동기의 학습결과 및 학습활동에 대한 관련」, 『교육학연구』, 38, 한국교육학회, 95-121면.

최민지(2023), 「인공지능 기반 글쓰기 프로그램에 관한 실행 연구: -초등학교 5학년 학생의 '라이팅젤' 활용을 중심으로-」, 서울교육대학교 석사학위논문.

최숙기, 박종임(2023), 「2022 개정 국어과 교육과정 〈독서와 작문〉 교육과정 개발의 원리와 방향」, 『작문연구』, 57, 한국작문학회, 65-199면.

하유경(2015), 「대학생용 창의적 자기효능감 척도의 개발과 타당화」, 석사학위논문, 경상대학교 교육대학원.

하유경, 조한익(2016), 「대학생용 창의적 자기효능감 척도의 개발과 타당화」, 『한국심리학회지 학교』, 13(1), 한국심리학회산하학교심리학회, 55-78면.

한승우(2024), 「ChatGPT를 활용한 글쓰기 수업 방안 고찰 및 학습자의 반응과 인식 조사」, 『교양학연구』, 26, 중앙대학교 다빈치미래교양연구소, 43-75면.

황순희(2004), 「자기조절학습전략 글쓰기 프로그램이 아동의 글쓰기 능력, 자기조절 전략 능력에 미치는 영향」, 충남대학교 석사학위논문.

3. 외국문헌

Alavi, S. B., & McCormick, J.(2008), The roles of perceived task interdependence and group members' interdependence in the development of collective efficacy in university student group contexts. British Journal of Educational Psychology, 78(3), pp.375-393.

Amabile, T. M.(1983). The social psychology of creativity: a componential conceptualization. Journal of Personality and Social Psychology, 45(2), pp.357-376.

Antita Woolfolk, E., 김아영 외 공역(2000), 『교육심리학』, 학문사, 372면.

Bandura, A.(1986), The Explanatory and Predictive Scope of Self-Efficacy Theory. Journal of Social and Clinical Psychology, 4, Special Issue: Self-Efficacy Theory in Contemporary Psychology, pp.359-373.

Bandura, A.(1997), 박영신 외 역(2001), 『자기효능감과 삶의 질: 교육·건강·운동·조직에서의 성취』, 교육과학사.

Bandura, A., 김의철 외 역(1999), 『자기효능감과 인간행동』, 교학사, p.51.

Bangert-Drowns, R. L., Hurley, M. M., & Wilkinson, B.(2004), The Effects of School-Based Writing-to-Learn Interventions on Academic Achievement: A Meta-Analysis, Review of Educational Research, 74(1), pp.29-58.

Bereiter, C., & Scardamalia, M.(1987), The psychology of writtencomposition. Mahwah, NJ: Lawrence Erlbaum Associates.

Bedington, A. Halcomb, E. F. McKee, H. A. Sargent, T., & Smith A.(2024), Writing with generative AI and human-machine teaming: Insights and recommendations from faculty and students. Computers and Composition 71, 102833. DOI: 10.1016/j.compcom.2024.102833

Beghetto, R. A.(2006), Creative Self-Efficacy: Correlates in Middle and Secondary Students. Creativity Research Journal, 18(4), pp.447-457.

Blumenfeld, P. C. Soloway, E. Marx, R. W. Krajcik, J. S. Guzdial, M., &Palincsar A.(1991), Motivating project-based learning: Sustaining the doing, supporting the learning. Educational Psychologist, 26(3-4), pp.369-398.

Blumenfeld, P. C., Soloway, E., Marx, R. W., Krajcik, J. S., Guzdial M., & Palincsar A.(1991), Motivating project-based learning: Sustaining the doing, supporting the learning. Educational Psychologist, 26(3-4), pp.369-398.

Boscolo, P., Ariasi, N., DelFavero, L., & Ballarin, C.(2011), Interest in an expositorytext:How does it flow from reading to writing?.Learning & Instruction, 21(3), pp.467-480.

Bredekamp, S., & Rosegrant, T.(1992), Reaching potentials: Appropriate curriculum and assessment for young children(Vol. 1), Washington, DC: National Association for the Education of Young Children.

Bruning, R., & Horn, C.(2000), Developing motivation to write, Educational Psychology, pp.35-1, pp.25-37.

Bruning, R., & Horn, C.(2000), Writing as problem solving: Developing self-regulation and motivation. Educational Psychologist, 35(1), pp.25-37.

Carmeli, A., & Schaubroeck, J.(2007), The influence of leaders' and other referents'normative expectations on individual involvement in creative work. The Leadership Quarterly, 18(1), pp.35-48.

Choi, J. N.(2004), Individual and contextualpredictors ofcreative performance:The Mediating role of psychological processes, Creativity

Pesearch Journal, 16, 2 & 3, pp.187-199.

Chen, G., Gully, S. M., & Eden, D.(2001). Validation of a newgeneral self-efficacy scale. Organizational Research Methods, 4, pp.62-93.

Collis, B.(1997). Supporting project-based collaborative learning via WWW environment. In B. Khan(Ed.), Web-based instruction, pp.213-219. Englewood Cliffs, NJ: Educational Technology Publications.

Csikszentmihalyi, M.(1996), Creativity: Flow and the psychology of discovery and intervention. New York: Harper Collins.

Deci, E. L., & Ryan, R. M.(1985), Intrinsic motivation and self-determination in human behavior, New York Plenum.

Deci, E. L., & Ryan, R. M.(2000), The "what" and "why" of goalpursuits: Human needsandtheself-determinationof behavior, PsychologicalInquiry, 11, pp.227-268.

Deci, E. L., Koestner, R., & Ryan, R. M.(2001), Extrinsic rewards and intrinsic motivation in education: Reconsidered once again. Review of Educational Research, 71(1), pp.1-27.

Eby, L. T., & Dobbins, G. H.(1997), Collectivistic orientation in teams: an individual and group·level analysis. Journal of Organizational Behavior, 18(3), pp.275-295.

Egan, T. M.(2005), Factors influencing individual creativity in the workplace: An examination of quantitative empirical research. Advances in Developing Human Resources, 7, pp.160-181.

Flower, L.(1993), Problem-Solving Strategies for Writing, 글쓰기의 문제해결 전략, 원진숙, 황정현 옮김(1998), 동문선.

Flower, L., & Hayes, J. R.(1980), The dynamics of composing: Making plans and jugglins constraints. In L. W. Gregg & E. R. Steinberg(Eds),

Cognitive process in writing, pp.31-50, Hillsdale, NJ: Erlbaum.

Flower, L. S., & Hayes, J. R.(1977), Problem-solving strategies and the writing process. College English, 39(4), pp.449-461.

Field, A. P.(2013), Discovering statistics using IBM SPSS Statistics(4th ed.). Sage Publications.

Garrison, D. R.(2007), Online Community of Inquiry Review: Social, Cognitive, and Teaching Presence Issues. Journal of Asynchronous Learning Networks, 11(1), pp.61-72.

Graham, S., & Harris, K. R.(2016), A path to better writing: Evidence-based practices in the classroom. The Reading Teacher, 69(4), pp.359-365.

Gist, M. E., & Mitchell, T. R.(1992), Self-efficacy: A theoretical analysis of its determinant and malleability. Academy of ManagementReview, 17, pp.183-211.

Graham, S., & Perin, D.(2007), A meta-analysis of writing instruction for adolescent students. Journal of Educational Psychology, 99, pp.445-476.

Hayamizu, T.(1993), Between extrinsic and intrinsic motivation: Examination on individual beliefs of the links between both motivation. Bulletin of the School of Education, NagoyaUniversity(Educational-Psychology), 40, pp.77-88.

Hayamizu, T.(1997), Between Intrinsic and Extrinsic motivation: Examination of reasons for academic study based on the theoryofinternalization, Japanese Psychological Research, 39, pp.98-108.

Hayes, J. R.(1996), A new framework for understanding cognition and affect in writing, In C. Micheal Levy & Sarah Ransdell(Eds), The Science of Writing: Theory, Methods, Individual Difference, and Application, Mahwah, NJ: Lawrence Erbaum Associates. pp.1-27.

Hayes, J. R.(2012), Modelingand Remodeling Writing. WrittenCommunication, 29(3), pp.369-388.

Hayes, J. R.(2000), "Few doubt that motivation is important in writing"(Hayes, Hayes, 「A New Framework for Understanding Cognition and Affect in Writing」, Roselmina Indrisano & James R. Squire(Eds.), Perspectives On Writing, IRA, p.16.

Higgs, J. M., & Stornaiuolo, A.(2024), Being human in the age of generative AI: Young people's ethical concerns about writing and living with machines. Reading Research Quarterly, 59(4), pp.632-650.

Helle, L., Tynjala, P. & Olkinuora, E.(2006), Project-based learning in post-secondary education: Theory, practice, and rubber sling shots. Higher Education, 51(2), pp.287-314.

Jani, J. S., & Mellinger, M. S.(2015), Beyond "Writing to Learn": Factors Influencing Students'Writing Outcomes, Journal of Social Work Education, 51(1), pp.136-152.

Jaussi, K. S., & Randel, A. E., & Dionne, S. D.(2007). I am, I think I can, and I do: The role of personal identity, self-efficacy, and cross-application of experiences in creativity at work. Creativity Research Journal, 19(2), pp.247-258.

Joo, Y. J., Bong, M., & Choi, M.(2000), Self-efficacy for self-regulated learning, academic self-efficacy, and internet self-efficacy in web-based instruction. Educational Technology Research and Development, 48(2), pp.5-17.

Kieft, M., Rijlaarsdam, G., & van den Bergh, H.(2008), An aptitude-treatment interaction approach to writing-to-learn, Learning and Instruction, 18(4), pp.379-390.

Kieft, M., Rijlaarsdam, G., & van den Bergh, H.(2008), An aptitude-treatment interaction approach to writing-to-learn, Learning and Instruction, 18(4), pp.379-390.

Kim, Y.(2005), Pedagogical agents as learning companions: Building social relations with learners, 12th International Conference on Artificial Intelligence in Education(AIED), Amsterdam, Netherlands.

Klein, P. D.(1999), Reopening Inquiry into Cognitive Processes in Writing-To-Learn, Educational Psychology Review, 11(3), pp.203-270.

Klein, P. D., & Boscolo, P.(2016), Trends in researchonwritingas a learning activity. Journal ofWritingResearch, 7(3), pp.311-350.

Kreijns, K., Kirschner, P. A., & Jochems, W.(2002), The sociability of computersupported collaborative learning environments. Educational Technology & Society, 5(1), pp.8-22.

Lemons, G. K.(2005). A qualitative investigation of college students'creative self-efficacy. Ph.D thesis, University of Northern Colorado.

Lopez, N. R.(2003). An interactional approach to investigating individual creative performance. MSc thesis, San Joes State University.

Mathisen, G. E., & Bronnick, K. S.(2009). Creative self-efficacy: An intervention study. International Journal of Educational Research, 48, pp.21-29.

Murray, D. M.(1982), Learning by Teaching. Portsmouth, NH: Boynton/Cook.

Nisbett, R. E., & Ross, L.(1980), Human inference: Strategies and shortcomings of social judgment. Prentice-Hall.

Nunnally, J. C., & Bernstein, I. H.(1994), Psychometric Theory(3rd ed.), New York, NY: McGraw-Hill.

Pajares, F., & Johnson, M. J.(1996). Self-efficacy beliefs and the writing performance of entering high school students. Psychology in the Schools, 33, pp.163-175.

Pajares, F., & Valiante, G.(1997), Influence of Self-Efficacyon Elementary Students'Writing Journal of Educational Research, 90(6), pp.353-360.

Pajares, F.(2003), Self-efficacy beliefs, motivation, and achievement in writing: A review of the literature. Reading and Writing Quarterly, 19, pp.139-158.

Pajares, F., Valiante, G., & Cheong, Y. F.(2007), Writingself-efficacyanditsrelationtogender, writing motivation and writing competence: a developmental perspective, In P. Boscolo.(Eds.), WritingandMotivation(StudiesinWriting, Volume 19), pp.141-159.

Pajares, F.(1997), Current directions in self-efficacy research. In M. Maehr & P. R. Pintrich(Eds.), Advances in motivation and achievement, 10, pp.1-9.

Pescosolido, A. T.(2003). Group efficacy and group effectiveness: The effects of group efficacy over time on group performance and development. Small Group Research, 34(1), pp.20-42.

Palmquist, M., & Young, R.(1992), The notion ofgiftedness and student expectation sabout writing, Written Communication, 9(1), pp.137-168.

Phelan, S., & Young, A. M.(2003), Understanding creativity in the workplace: An examination of individual styles and training in relation to creative confidence and creative self-leadership, Journal of Creative Behavior, 37, pp.266-281.

Pintrich, P. R., & De Groot, E.(1990), Motivational and self-regulated learning components of classroom academic performance. Journal of Educational Psychology, 82(1), pp.33-40.

Rakhmankulova, S., & Shadiev, R.(2006), Use of IT in educational institutions of Uzbekistan: experience and perspectives. In ICL conference-Interactive Computer Aided Learning, September-October.

Reeve, J., & Jang, H.(2006), What teachers say and do to support student's autonomy during a learning activity, Journal of educational psychology, 98(1), pp.209-218.

Russ, S. W.(1993), Affect and creativity: The role of affect and play in the creative process. Hillsdale, NJ: Lawrence Erlbaum Associates.

Ryan, R. M.(1982), Controland in formation in the intrapersonal sphere:Anextension ofcogniti veevaluationtheory, Journal of personalityand socialpsychol ogy, 43(3), p.450.

Ryan, R. M., & Connell, J. P.(1989), Perceived locus of causality and internalization Examining reasons for acting in two domains. Journal of Personality and Social Psychology, 57, pp.749-761.

Ryan, R. M., & Deci, E. L.(2002), Overview of self-determination theory: An organismic dialectical perspective. In Deci, E. L. & Ryan, R. M.(Eds.), Handbook of Self-Determination Research, The University of Rochester Press, pp.3-33.

Schunk, D. H., & Zimmerman, B. J.(2007), Influencing children's self-efficacy and self-regulation of reading and writing through modeling. Reading & Writing Quarterly, 23(1), pp.7-25.

Schmeck, R. R., & Lockhart, D.(1983), Learning styles and classroom evaluation method: Different strokes for different folks. College Student, 17(1), pp.94-100.

Scherling, S. E.(2011), Designing and fostering effective online group projects. Adult Learning, 22(2), p.13.

Shell, D. F., Colvin, C., & Bruning, R.(1995), Self-efficacy, attributions, and outcome expectancy mechanisms in reading and writing achievement: Grade-level and achievement-level differences. Journal of Educational Psychology, 87(3), pp.386-398.

Simkins, M.(2002), Increasing student learning through multimedia projects. ASCD.

Seligman, M. E. P.(1975), Helplessness, San Francisco: Freeman.

Sternberg, R. J., & Lubart, T. I.(1991). An investment theory of creativity and its development. Human Development, 34, pp.1-31.

Sternberg, R. J.(1999), Handbook of creativity, Cambridge University Press.

Sternberg, R. J.(2003). Wisdom, intelligence, and creativity synthesized. NY: Cambridge Univ. Press., 김정희 역(2004), 『지혜, 지능 그리고 창의성의 종합』, 서울: 시그마프레스.

Study/Protocol Analysis, Research in the Teaching of English, 18(3), pp.265-287.

Stolk, J., & Harar, J.(2014), Student motivations as predictors of high-level cognitions in project-based classrooms. Active Learning in Higher Education, 15(3), pp.231-247.

Tan, A. G., Li, J., & Rotgans, J.(2011). Creativity self-efficacy scale as a predictor for classroom behavior in a Chinese student context. The Open Education Journal, 4(1), pp.90-94.

Tierney, P., & Farmer, S. M.(2011), Creative self-efficacy development and creative performance over time. Journal of Applied Psychology, 96(2), pp.277-293.

Tierney, P., & Farmer, S. M.(2002), Creative self-efficacy: Its potential antecedents and relationship to creative performance, Academy of Management Journal, 45, pp.1137-1148.

Tierney, P., & Farmer, S. M.(2004). The Pygmalion process and employee creativity. Journal of Management, 30, pp.413-432.

Turner, E. A., Chandler, M., & Heffer, R. W.(2009). The influence of parenting styles, achievement motivation, and self-efficacy on academic performance in college students. Journal of College Student Develpoment, 50(3), pp.337-346.

Vallerand, R. J., & Bissonnette, R.(1992), Intrinsic, extrinsic, andmotivational styles aspredictors of behaviors: A prospectivestudy, Journal of Personality, 60, pp.599-620.

Wolfe, J. N.(1985), Emotion and the creative process. Unpublished manuscript, University of New Mexico.

Yu, C.(2013), The relationship between undergraduate students'creative self-efficacy, creative ability and career self-management, International Journal of Academic Research in Progressive Education & Development, 2(2), pp.181-193.

Zimmerman, B. J.(2000), Attaining self-regulation: A social cognitive perspective. In Boekaerts, M., Pintrich, P. R. & Zeidner, M.(Eds.), Handbook of self-regulation, San Diego: Academic Press, pp.13-39.

Zimmerman, B. J., & Risemberg, R.(1997), Becomeaself-regulated writer, A social cognitive perspective. Contemporary Educational psychology, 22, pp.73-101.

부록 1

— 'PSOEPRI' 자기주도적 AI 쓰기 프로젝트 교수·학습 세부안

프로젝트 주제	AI 도구를 활용한 팀 빌딩 및 계획하기 활동				학년	2	차시	1차시
학습목표	AI 도구를 활용하여 팀 빌딩 이름, 엠블럼, 팀의 목표와 특성, 정체성 등의 팀 빌딩 결과물(AI 엠블럼, 텍스트)을 효과적으로 표현하는 능력을 기를 수 있다.				수업 모델		PSOEPRI	
수업전략	탐구 활동 ○	토의 토론 ○	문제 해결 ○	팀별 활동 ○	프로젝트 ○	핵심역량	문제해결, 창의융합, 의사소통	
AI 활용 에듀테크	챗GPT, 뤼튼, 뤼튼 트레이닝, 패들렛, 미리캔버스, 띵커벨, 빙, 파이어플라이 등							
프로젝트 단계	프로젝트 준비 → 주제선정 및 문제분석 → 실행 및 개발 → 탐구 및 결과물 제작 → 발표 및 평가 → 피드백 반영 및 개선 → 기록 및 공유							
쓰기 단계	계획하기 → 주제선정 하기 → 아이디어 조직하기 → 탐구 및 표현하기 → 발표 및 평가하기 → 고쳐쓰기 → 실천하기							

단계	교수·학습 내용	지도상의 유의점	AI 활용 에듀테크
도입 (5분)	- 자기주도적 AI 쓰기 프로젝트 수업 소개 및 안내, AI 도구 활용 안내(패들렛 활용) * 자기주도적 AI 쓰기 프로젝트 수업의 전반적인 과정을 안내하고, 호기심과 탐구심을 유발하여 참여 확대 * AI 도구 활용 시, 윤리적 고려사항을 강조 (데이터 프라이버시, 공정성, 투명성 등) - 팀 빌딩 안내	자기주도적 AI 쓰기 프로젝트 수업을 통해 어떤 결과물을 제출해야 하는지, 평가 기준이 무엇인지 정확하게 전달한다.	패들렛
전개 (40분)	- 팀 빌딩 및 팀 활동 안내 - AI 도구 활용법 사전 학습 - AI 도구를 활용한 팀 빌딩 과제 실시 [과제 1] * AI 도구를 활용한 팀 빌딩 이름, 엠블럼, 팀의 목표와 특성 등의 팀 빌딩 결과물을 (AI 엠블럼, 텍스트)로 표현하기 ① 팀 소개 : 팀 빌딩 이름, 팀의 목표와 특성, 정체성 등을 효과적으로 표현하기 ② 엠블럼 : 팀 소개(팀 빌딩 이름, 목표, 특성 등)가 잘 드러날 수 있도록 시각적 이미지로 표현하기 - 팀 빌딩 결과물 발표 및 공유	팀을 시각적 또는 텍스로 표현하는 활동 과정에서 팀원들이 창의적으로 협력하도록 지도한다. 팀원들이 자기주도적으로 AI 도구를 활용함으로써, 팀의 목표와 특성을 명확히 표현할 수 있도록 안내한다. 팀 빌딩 활동을 통해 학습동기를 극대화하고, 팀원 간의 친밀감과 화합하는 마음으로 소속감을 높일 수 있도록 격려한다.	챗GPT, 뤼튼, 뤼튼 트레이닝, 구글, 빙, 파이어플라이, 띵커벨, 패들렛 등
정리 (5분)	- 본 차시 활동에 대한 소감을 공감 나누기 (슬라이드 활용) - 다음 차시 예고하기		슬라이드
지도 중점	- 팀 구성원 간의 협력을 통해 공동의 목표를 달성하는 경험을 쌓도록 안내한다. - 학생들은 역할 분담, 소통, 협력의 중요성을 이해하고, 효율적으로 협력하는 방법을 학습한다. - AI 도구를 활용하여 복잡한 정보를 이해하기 쉽게 시각화하고, 이를 명확하게 전달할 수 있는지 확인한다.		

프로젝트 주제	팀별 쓰기 프로젝트 주제 선정하기	학년	2	차시	2차시

학습목표	AI 도구를 활용하여 팀별 쓰기 프로젝트 주제를 선정, 프로젝트의 방향성을 설정할 수 있다.			수업 모델	PSOEPRI
수업전략	탐구 활동 ○	토의 토론 ○	문제 해결 ○	팀별 활동 ○	프로젝트 ○	핵심역량	문제해결, 창의융합, 의사소통
AI 활용 에듀테크	챗GPT, 뤼튼, 패들렛, 미리캔버스, 띵커벨, 키네마스터, 망고보드 등 *집단별 AI 활용 변수(차이) 설정				
프로젝트 단계	프로젝트 준비 → 주제선정 및 문제분석 → 실행 및 개발 → 탐구 및 결과물 제작 → 발표 및 평가 → 피드백 반영 및 개선 → 기록 및 공유				
쓰기 단계	계획하기 → 주제선정 하기 → 아이디어 조직하기 → 탐구 및 표현하기 → 발표 및 평가하기 → 고쳐쓰기 → 실천하기				

단계	교수·학습 내용	지도상의 유의점	AI 활용 에듀테크
도입 (5분)	- 쓰기 프로젝트 주제 선정하기 * AI 도구를 활용하여 학생들이 해결하고자 하는 실제적인 관심의 문제를 정하고, 쓰기 프로젝트의 방향성을 설정한다. 각 주제는 '실생활과 관련한 문제 해결에 기여할 수 있는 창의적이고 실현 가능한 아이디어를 반영'해야 한다.	자기주도적 AI 쓰기 프로젝트 주제 선정의 목표와 기대되는 결과를 명확히 설명한다.	
전개 (40분)	- 쓰기 프로젝트 문제 분석 및 아이디어 도출을 위한 토론 (브레인스토밍) * 2~3차시: 집단별 AI 활용을 변수(차이)로 설정<table><tr><td>변수</td><td>A집단</td><td>B집단</td><td>C집단</td><td>D집단</td></tr><tr><td>AI 활용 2차시</td><td>X</td><td>O</td><td>X</td><td>O</td></tr><tr><td>AI 활용 3차시</td><td>X</td><td>X</td><td>O</td><td>O</td></tr></table>▲ 팀별 프로젝트 문제 예시 [자유롭게 주제 선정] '나로부터 시작되는 문제를 사회문제로 확장' (주제: 개인과 공동체의 문제를 해결하는 목적) ① 환경 보호, 지속 가능성 ② 스마트시티 솔루션 ③ 건강 관리, 웰빙 ④ 재난 관리와 대응 ⑤ 사회적 문제 해결 등 * AI 도구를 활용하여 팀원들이 아이디어를 도출하고, 이를 패들렛에 자유롭게 적는다. (패들렛을 활용한 팀별 주제망 작성) * 아이디어는 제한 없이 개진하도록 격려한다. * 팀원이 제시한 아이디어를 팀별 주제망으로 정리하여 기록한다.(패들렛 활용) - 팀별 쓰기 프로젝트 문제 아이디어 선정 과제 실시 　　　　　　　　　　　　　　　　　　　　　　[과제 2] * 패들렛을 활용한 팀별 주제망을 참고하여 쓰기 프로젝트 최종 주제를 선정하고, 프로젝트 목표와 기대 결과를 명확히 한다. * 팀원들의 역할을 분담하고, 각 역할에 필요한 자료와 도구를 준비한다. * 팀원 개개인의 역할이 중요하다는 것을 주지한다.	AI 도구를 활용한 브레인스토밍 과정에서 구체적인 질문을 통해 창의적인 아이디어를 유도한다. AI 도구를 활용하여 글쓰기 능력을 향상시키고, 민주시민으로서 의사소통에 참여하여 개인과 공동체의 문제를 해결하도록 지도한다. 자기주도적 AI 쓰기 프로젝트를 통해 '민주시민'으로서 적극적으로 의사소통하며, 창의적이고 자기주도적인 학습 태도를 함양하도록 유도한다. 제시된 아이디어가 실현 가능한지, 팀의 자원과 한정된 시간 내에 완성할 수 있는지 등의 프로젝트 문제 해결의 현실성을 검토한다.	챗GPT, 뤼튼, 패들렛, 미리캔버스, 띵커벨, 키네마스트, 망고보드 멘티미터, 슬라이도 등 * 집단별 AI 활용 변수(차이) 설정
정리 (5분)	- 본 차시 활동에 대한 소감을 공감 나누기(슬라이도 활용) - 다음 차시 예고하기		패들렛
지도 중점	- 팀 구성원 간의 협력을 통해 공동의 목표를 달성하는 경험을 쌓도록 안내한다. - 학생들은 역할 분담, 소통, 협력의 중요성을 이해하고, 효율적으로 협력하는 방법을 학습한다. - AI 도구를 활용하여 복잡한 정보를 이해하기 쉽게 시각화하고, 이를 명확하게 전달할 수 있는지 확인한다.		

프로젝트 주제	팀별 쓰기 프로젝트 문제 해결을 위한 아이디어 개발					학년	2	차시	3차시
학습목표	AI 도구를 활용하여 팀별 쓰기 프로젝트 문제를 명확히 정의하고, 체계적인 접근 방식을 통해 해결책을 제시할 수 있다.					수업 모델		PSOEPRI	
수업전략	탐구 활동 ○	토의 토론 ○	문제 해결 ○	팀별 활동 ○	프로젝트 ○	핵심역량		문제해결, 창의융합, 의사소통	
AI 활용 에듀테크	챗GPT, 패들렛, 구글어스, 잼보드, 미리캔버스, 캔바, 브루(Vrew) 등 *집단별 AI 활용 변수(차이) 설정								
프로젝트 단계	프로젝트 준비 →	주제선정 및 문제분석 →	실행 및 개발 →	탐구 및 결과물 제작 →	발표 및 평가 →		피드백 반영 및 개선 →		기록 및 공유
쓰기 단계	계획하기 →	주제선정 하기 →	아이디어 조직하기 →	탐구 및 표현하기 →	발표 및 평가하기 →		고쳐쓰기 →		실천하기

단계	교수·학습 내용	지도상의 유의점	AI 활용 에듀테크
도입 (5분)	- 쓰기 프로젝트 주제 관련 자료 및 문제 해결안 탐색 - 쓰기 프로젝트 문제 해결을 위한 실행	자기주도적 AI 쓰기 프로젝트 문제 해결안을 도출할 때, 실행 가능한 계획을 세우도록 지도한다.	
전개 (40분)	- 쓰기 프로젝트 문제 해결을 위한 아이디어 개발 [과제 3] *2~3차시: 집단별 AI 활용을 변수(차이)로 설정 | 변수 | A집단 | B집단 | C집단 | D집단 | | AI 활용 2차시 | X | O | X | O | | AI 활용 3차시 | X | X | O | O | * AI 도구를 활용하여 쓰기 프로젝트 문제에 대한 아이디어를 개발할 수 있도록 안내한다. * AI 도구를 활용하여 문제 해결을 위해 도출한 아이디어를 발표물로 제작한다. (캔바, 미리캔버스 등 활용)	AI 도구를 활용한 아이디어 개발 과정에서 팀원이 맡은 역할에 대해 책임감을 가지고 임할 수 있도록 유도한다. AI 도구(온라인 의사소통 도구)를 적극 활용하여 팀원 간 원활한 소통이 이루어지도록 지원한다. 아이디어 조직하기와 표현하기 단계인 3~4차시는 필요에 의해 언제든지 순환 실행이 가능하다는 것을 안내한다.	챗GPT, 구글어스, 패들렛, 잼보드, 미리캔버스, 캔바, 브루(Vrew) 등 * 집단별 AI 활용 변수(차이) 설정
정리 (5분)	- 팀별 쓰기 프로젝트 문제 해결을 위한 아이디어 실행 및 개발 공유(패들렛 활용) - 다음 차시 예고하기		패들렛
지도 중점	- AI 도구를 활용하여 팀별 쓰기 프로젝트의 과제를 지속적으로 피드백(긍정적이거나 개선이 필요한 부분)하고 개선한다. - 자기주도적 AI 쓰기 프로젝트 전반의 과정을 스스로 평가하고 반성할 수 있는 시간을 제공한다.		

프로젝트 주제	팀별 쓰기 프로젝트 문제 해결을 위한 초고쓰기				학년	2	차시	4차시
학습목표	팀별 쓰기 프로젝트 문제 해결 과정에서 AI 도구를 활용하여 체계적인 접근법과 논리적 사고는 물론, 창의적이고 윤리적인 해결책을 도출하는 능력을 함양한다.					수업 모델	PSOEPRI	
수업전략	탐구 활동 ○	토의 토론 ○	문제 해결 ○	팀별 활동 ○	프로젝트 ○	핵심역량	문제해결, 창의융합, 의사소통	
AI 활용 에듀테크	챗GPT, 뤼튼, 뤼튼 트레이닝, 라이팅 젤, 노션, 클로바, 패들렛, 미리캔버스, 캔바 등 (초고쓰기에서는 AI 활용 제한)							
프로젝트 단계	프로젝트 준비 → 주제선정 및 문제분석 → 실행 및 개발 → 탐구 및 결과물 제작 → 발표 및 평가 → 피드백 반영 및 개선 → 기록 및 공유							
쓰기 단계	계획하기 → 주제선정하기 → 아이디어 조직하기 → 탐구 및 표현하기 → 발표 및 평가하기 → 고쳐쓰기 → 실천하기							

단계	교수·학습 내용	지도상의 유의점	AI 활용 에듀테크
도입 (5분)	- 쓰기 프로젝트 문제 해결을 위한 탐구하기 - 쓰기 프로젝트 문제 해결안 제시하기 - 쓰기 프로젝트 문제 해결을 결과물 개발 사례 탐색하기	자기주도적 AI 쓰기 프로젝트 문제 해결의 맥락과 관련하여 해당 문제를 명징하게 정의하도록 안내한다. 아이디어 조직하기와 표현하기 단계인 3~4차시는 필요에 의해 언제든지 순환 실행이 가능하다는 것을 안내한다.	챗GPT, 뤼튼, 뤼튼 트레이닝 등
전개 (40분)	- 쓰기 프로젝트 문제 해결을 위한 결과물 제작하기 (초고쓰기, 글의 장르는 논설문으로 제한) [과제 4] * 쓰기 프로젝트 문제를 구체화하고, 필요한 정보를 추가하여 초고쓰기를 완성한다. * 쓰기 프로젝트 문제해결을 위한 결과물 제작 (초고쓰기)는 AI 도구를 활용하지 않는다.	자기주도적 AI 쓰기 프로젝트 문제 해결이 사회에 미치는 긍정적인 영향을 설명하고, 사회적 책임을 다하는 해결책을 제시하도록 유도한다.	* 초고쓰기는 AI 도구를 활용하지 않음
	- 쓰기 프로젝트 문제 해결 방안(완성된 초고쓰기의 결과물) 발표 자료로 제작하기 * 쓰기 프로젝트 문제 해결 발표 자료는 완성된 초고 쓰기의 결과물을 피드백하기 위한 목적임을 명확하게 안내한다. * 쓰기 프로젝트 문제 해결 발표 자료는 다양한 AI 도구를 활용하여 제작하도록 안내한다.		챗GPT, 뤼튼, 뤼튼 트레이닝, 라이팅 젤, 패들렛, 미리캔버스, 노션, 클로바, 캔바 등
정리 (5분)	- 팀별 쓰기 프로젝트 문제 해결을 위한 결과물 공유 및 수정 (패들렛 활용) - 다음 차시 예고하기		패들렛
지도 중점	- 쓰기 프로젝트 과정에서 팀원 간의 협력과 소통을 강조한다. - 쓰기 프로젝트 과정에서 팀원들이 각자의 역할을 명확히 이해하고, 공동의 목표를 위해 협력하도록 지도한다. - 자기주도적 AI 쓰기 프로젝트 진행 과정을 지속적으로 관찰하고, 팀의 협력도와 각 팀원의 참여도를 확인한다. - AI 도구를 활용하여 팀별 쓰기 프로젝트의 과제를 지속적으로 피드백(긍정적이거나 개선이 필요한 부분)하고 개선한다.		

프로젝트 주제	팀별 쓰기 프로젝트 결과물 발표 및 평가하기					학년	2	차시	5차시
학습목표	팀별 쓰기 프로젝트 결과물을 명확하고 설득력 있게 발표하는 능력을 함양하고, 프로젝트 문제의식을 내면화한다.					수업 모델		PSOEPRI	
수업전략	탐구 활동	토의 토론	문제 해결	팀별 활동	프로젝트	핵심역량		문제해결, 창의융합, 의사소통	
	○	○	○	○	○				
AI 활용 에듀테크	챗GPT, 뤼튼, 뤼튼 트레이닝, 라이팅 젤, 노션, 클로바, 패들렛, 미리캔버스, 캔바 등 (초고쓰기에서는 AI 활용 제한)								
프로젝트 단계	프로젝트 준비 → 주제선정 및 문제분석 → 실행 및 개발 → 탐구 및 결과물 제작 → **발표 및 평가** → 피드백 반영 및 개선 → 기록 및 공유								
쓰기 단계	계획하기 → 주제선정하기 → 아이디어 조직하기 → 탐구 및 표현하기 → **발표 및 평가하기** → 고쳐쓰기 → 실천하기								

단계	교수·학습 내용	지도상의 유의점	AI 활용 에듀테크
도입 (5분)	- 쓰기 프로젝트 문제 해결 방안(완성된 초고쓰기의 결과물) 발표 순서 정하기 * AI 도구를 활용하여 청중의 참여를 높인다. (슬라이도, 멘티미터, 패들렛 활용)	자기주도적 AI 쓰기 프로젝트 문제 해결 방안의 발표 순서를 정할 때, 주제의 다양성을 고려하여 비슷한 주제가 연속되지 않도록 유의한다.	슬라이도, 멘티미터, 패들렛
전개 (40분)	- 쓰기 프로젝트 문제 해결 방안(완성된 초고쓰기의 결과물) 발표하기 [과제 5] * 제작한 쓰기 프로젝트 결과물을 발표한다. * 쓰기 프로젝트 문제 해결 발표는 완성된 초고 쓰기의 결과물을 피드백하기 위한 발표임을 명확하게 안내한다. * 자신의 팀분만 아니라, 다른 팀의 쓰기 프로젝트 문제 해결 방안을 분석하고 피드백한다.	쓰기 프로젝트 문제 해결 방안(완성된 초고쓰기의 결과물) 발표하기 과정에서 학생들이 자신감을 가지고 발표를 수행하며, 협력과 소통을 통해 더 나은 결과를 도출할 수 있도록 지도한다. 쓰기 프로젝트 문제 해결 방안(완성된 초고쓰기의 결과물) 발표후, 피드백과 성찰을 통해 학습 성장을 도모할 수 있도록 유도한다.	패들렛, 미리캔버스, 캔바 등
정리 (5분)	- 팀별 쓰기 프로젝트 문제 해결 방안(완성된 초고쓰기의 결과물)의 피드백 및 평가하기 (패들렛 활용) - 다음 차시 예고하기	발표 이후, 구체적이고 건설적인 피드백이 지속될 수 있도록 유도한다.	패들렛
지도 중점	- 쓰기 프로젝트 문제 해결 방안(완성된 초고쓰기의 결과물) 발표 이후, 팀원 간의 토론을 통해 학습 경험을 공유한다. - 쓰기 프로젝트 문제 해결 방안(완성된 초고쓰기의 결과물) 발표 이후, 팀의 결과물(완성된 초고)을 피드백하고, 개선할 점을 찾아 고쳐쓰기를 준비한다. - AI 도구를 활용하여 팀별 쓰기 프로젝트의 과제를 지속적으로 피드백(긍정적이거나 개선이 필요한 부분)하고 개선한다.		

프로젝트 주제	팀별 쓰기 프로젝트 결과물 고쳐쓰기(피드백 반영)				학년	2	차시	6차시

학습목표	팀별 쓰기 프로젝트 결과물(완성된 초고쓰기)을 협력과 소통을 통해 더 나은 결과물을 도출할 수 있는 능력을 배양한다.					수업 모델	PSOEPRI	
수업전략	탐구 활동	토의 토론	문제 해결	팀별 활동	프로젝트	핵심역량	문제해결, 창의융합, 의사소통	
	○	○	○	○	○			
AI 활용 에듀테크	챗GPT, 뤼튼, 뤼튼 트레이닝, 라이팅 젤, 패들렛, 미리캔버스, 캔바, 슬라이도 등 (고쳐쓰기에서는 AI 활용 제한)							
프로젝트 단계	프로젝트 준비 →	주제선정 및 문제분석 →	실행 및 개발 →	탐구 및 결과물 제작 →	발표 및 평가 →	피드백 반영 및 개선 →	기록 및 공유	
쓰기 단계	계획하기 →	주제선정 하기 →	아이디어 조직하기 →	탐구 및 표현하기 →	발표 및 평가하기 →	고쳐쓰기 →	실천하기	

단계	교수·학습 내용	지도상의 유의점	AI 활용 에듀테크
도입 (5분)	– 쓰기 프로젝트 문제 해결 방안(완성된 초고쓰기의 결과물) 발표 피드백 반영 및 개선안 토론하기 (슬라이도, 멘티미터, 패들렛 활용)	자기주도적 AI 쓰기 프로젝트 문제 해결 방안(완성된 초고쓰기의 결과물)의 피드백을 효과적으로 수용하고, 개선을 통해 지속적으로 발전할 수 있도록 지도한다.	슬라이도, 멘티미터, 패들렛
전개 (40분)	– 쓰기 프로젝트 문제 해결 방안(완성된 초고쓰기의 결과물) 피드백 반영 고쳐쓰기 [과제 6] * 쓰기 프로젝트 문제 해결 방안 발표 과정에서 도출된 개선할 부분을 추가하여 고쳐쓰기를 완성한다. * 피드백을 기반으로 개선안을 도출할 때, 피드백을 분류하고 우선순위를 정해 개선점을 명확히 한다. * 개선점을 도출할 때, 실현 가능성을 고려하여 현실적인 개선안을 마련한다. * 쓰기 프로젝트 문제 해결을 위한 결과물 제작 (고쳐쓰기)는 AI 도구를 활용하지 않는다.	쓰기 프로젝트 문제 해결 방안 (완성된 초고쓰기의 결과물)의 피드백은 긍정적인 부분과 개선이 필요한 부분이 균형있게 포함하도록 지도한다.	* 고쳐쓰기는 AI 도구를 활용하지 않음
	쓰기 프로젝트 문제 해결 방안(피드백 반영된 고쳐쓰기의 결과물)을 발표 자료로 제작하기 * 쓰기 프로젝트 문제 해결 발표 자료는 피드백이 반영된 고쳐쓰기의 결과물을 피드백하기 위한 목적임을 명확하게 안내한다. * 쓰기 프로젝트 문제 해결 발표 자료는 다양한 AI 도구를 활용하여 제작하도록 안내한다.	쓰기 프로젝트 문제 해결 방안(완성된 초고쓰기의 결과물)의 피드백을 개인적인 비판으로 받아들이지 않도록 하며, 피드백에 대한 궁금한 점이 있으면 질문할 수 있도록 격려한다.	챗GPT, 뤼튼, 뤼튼 트레이닝, 라이팅 젤, 패들렛, 미리캔버스, 캔바 등
정리 (5분)	– 팀별 쓰기 프로젝트 문제 해결 방안(피드백 반영된 고쳐쓰기의 결과물) 공유 및 수정 (패들렛 활용) – 다음 차시 예고하기		패들렛
지도 중점	– 쓰기 프로젝트 문제 해결 방안(완성된 초고쓰기의 결과물)의 피드백을 반영한 다시쓰기 과정에서, 피드백을 효과적으로 수용하여 지속적으로 발전할 수 있도록 지도한다. – AI 도구를 활용하여 팀별 쓰기 프로젝트의 과제를 지속적으로 피드백(긍정적이거나 개선이 필요한 부분)하고 개선한다.		

프로젝트 주제	팀별 쓰기 프로젝트 최종 결과물 실천하기	학년	2	차시	7차시

학습목표	팀별 쓰기 프로젝트 최종 결과물(완성된 고쳐쓰기)을 명확하고 설득력 있게 발표하는 능력을 함양하고, 프로젝트 문제 해결 방안을 실천한다.				수업 모델	PSOEPRI	
수업전략	탐구 활동	토의 토론	문제 해결	팀별 활동	프로젝트	핵심역량	문제해결, 창의융합, 의사소통
	○	○	○	○	○		
AI 활용 에듀테크	챗GPT, 뤼튼, 뤼튼 트레이닝, 라이팅 젤, 패들렛, 미리캔버스, 캔바, 슬라이도 등						
프로젝트 단계	프로젝트 준비 →	주제선정 및 문제분석 →	실행 및 개발 →	탐구 및 결과물 제작 →	발표 및 평가 →	피드백 반영 및 개선 →	기록 및 공유
쓰기 단계	계획하기 →	주제선정 하기 →	아이디어 조직하기 →	탐구 및 표현하기 →	발표 및 평가하기 →	고쳐쓰기 →	실천하기

단계	교수·학습 내용	지도상의 유의점	AI 활용 에듀테크
도입 (5분)	- 쓰기 프로젝트 문제 해결 방안(완성된 고쳐쓰기의 결과물) 실천하기 안내	자기주도적 AI 쓰기 프로젝트 문제 해결 방안(완성된 고쳐쓰기의 결과물)의 피드백을 기초로 최종 결과물의 실생활에 실천하기로 이어지도록 안내한다.	슬라이도, 멘티미터, 패들렛
전개 (40분)	- 쓰기 프로젝트 문제 해결 방안(피드백 반영된 다시 쓰기의 결과물)을 실천하기 [과제 7] * AI 도구를 활용하여 쓰기 프로젝트 문제 해결 방안 (피드백 반영된 고쳐쓰기의 결과물)을 실생활에 연계하여 적극 실천하기	쓰기 프로젝트 문제 해결 방안(완성된 고쳐쓰기의 결과물)의 실천을 통해 아이디어를 실행에 옮겨 자신의 삶은 물론, 그들의 가족, 이웃, 공동체가 더 나은 삶으로 나아가는 경험을 내면화하도록 유도한다.	챗GPT, 뤼튼, 뤼튼 트레이닝, 라이팅 젤, 패들렛, 미리캔버스, 캔바 등
정리 (5분)	- 팀별 쓰기 프로젝트 문제 해결 방안(피드백 반영된 고쳐쓰기의 결과물)의 실천하기 결과 공유 (패들렛 활용)		패들렛
지도 중점	- 쓰기 프로젝트 문제 해결 방안(완성된 다시쓰기의 결과물)의 실천하기를 통해 '나로부터 시작되는 문제를 사회문제로 확장'(개인과 공동체의 문제 해결)하는 자기주도적 AI 쓰기 프로젝트를 통해 '민주시민'으로서 적극적으로 의사소통하며, 창의적이고 자기주도적인 학습 태도를 함양하도록 지도한다. - AI 도구를 활용하여 팀별 쓰기 프로젝트의 과제를 지속적으로 피드백(긍정적이거나 개선이 필요한 부분)하고 개선한다.		

부록 2

— 자기주도적 AI 쓰기 프로젝트 과제 학습지(1~7차시)

자기주도적 AI 쓰기 프로젝트; 팀 빌딩하기 [과제 1]

	기선 제압!!! 팀의 목표와 특성을 효과적으로 표현해 보세요.				
팀 이름					
팀원	_학년_반_번	_학년_반_번	_학년_반_번	_학년_반_번	_학년_반_번
팀의 목표, 특성 등					

	팀의 엠블럼!!!	
	(팀의 목표, 특성 등이 잘 담겨 있는 그림이나 팀의 엠블럼을 AI 도구를 활용하여 그려보세요.)	
팀빌딩 이름		
이유		

자기주도적 AI 쓰기 프로젝트; AI 도구 활용 분석 (자기주도적으로 활용한 AI 도구와 그 용례)		
자기주도적으로 AI 도구를 활용한 프로젝트 맥락(부분)	• AI 도구를 활용한 프로젝트 맥락(부분)을 자세하게 설명(각 AI 활용 도구별로 따라 탄력적으로 기재할 것)	
	AI 활용 도구	AI 도구를 활용한 프로젝트 맥락
해당 프로젝트 맥락(부분)에 AI 도구를 활용한 이유 (예상 기대효과)	• 프로젝트 맥락(부분)에 해당 AI 도구를 활용한 이유, 예상 기대효과를 자세하게 기록 (각 AI 활용 도구별로 따라 탄력적으로 기재할 것)	
	AI 활용 도구	AI 도구를 활용한 프로젝트 맥락
해당 프로젝트 맥락(부분)에 AI 도구를 활용해 본 효과성	• 프로젝트 맥락(부분)에 해당 AI 도구를 활용해 본 효과성을 자세하게 기록 (각 AI 활용 도구별로 따라 탄력적으로 기재할 것)	
	AI 활용 도구	AI 도구를 활용한 프로젝트 맥락

자기주도적 AI 쓰기 프로젝트 계획서 [과제 2]

쓰기 프로젝트 주제 [2차시] * 집단별 AI 활용 여부를 변수(차이) 설정	• 학생들이 해결하고자 하는 실제적인 관심의 문제 - '나로부터 시작되는 문제를 사회문제로 확장'(개인과 공동체의 문제 해결) - 실생활과 관련한 문제 해결에 기여할 수 있는 창의적이고 실현 가능한 아이디어				
팀원	__학년__반__번	__학년__반__번	__학년__반__번	__학년__반__번	__학년__반__번
쓰기 프로젝트 패들렛 팀별 주제망 [2차시]	• 쓰기 프로젝트 문제를 도출하기 위해 팀원이 패들렛에 제시한 아이디어를 팀별 주제망으로 가시화 (팀별 프로젝트에서 해결할 문제의 질문을 생성하고, 핵심 문제를 도출하는 단계) 나로부터 시작되는 문제(키워드) → 사회문제로의 확장				
쓰기 프로젝트 주제 문제 진술 및 분석 [2차시]	• 쓰기 프로젝트 문제를 해결하고자 하는 이유, 문제 상황, 배경 분석 제시				
쓰기 프로젝트 목표 설정(기대효과) [2차시]	• 쓰기 프로젝트 문제 해결의 시사점				
쓰기 프로젝트 역할 분담 [2차시]	__학년__반__번	__학년__반__번	__학년__반__번	__학년__반__번	__학년__반__번

자기주도적 AI 쓰기 프로젝트; AI 도구 활용 분석 (자기주도적으로 활용한 AI 도구와 그 용례)	
자기주도적으로 AI 도구를 활용한 프로젝트 맥락(부분)	• AI 도구를 활용한 프로젝트 맥락(부분)을 자세하게 설명(각 AI 활용 도구별로 따라 탄력적으로 기재할 것) | AI 활용 도구 | AI 도구를 활용한 프로젝트 맥락 |
해당 프로젝트 맥락(부분)에 AI 도구를 활용한 이유 (예상 기대효과)	• 프로젝트 맥락(부분)에 해당 AI 도구를 활용한 이유, 예상 기대효과를 자세하게 기록 (각 AI 활용 도구별로 따라 탄력적으로 기재할 것) | AI 활용 도구 | AI 도구를 활용한 프로젝트 맥락 |
해당 프로젝트 맥락(부분)에 AI 도구를 활용해 본 효과성	• 프로젝트 맥락(부분)에 해당 AI 도구를 활용해 본 효과성을 자세하게 기록 (각 AI 활용 도구별로 따라 탄력적으로 기재할 것) | AI 활용 도구 | AI 도구를 활용한 프로젝트 맥락 |

자기주도적 AI 쓰기 프로젝트 구상안 [과제 3]

쓰기 프로젝트 주제 *집단별 AI 활용 여부를 변수(차이) 설정	• 학생들이 해결하고자 하는 실제적인 관심의 문제 - '나로부터 시작되는 문제를 사회문제로 확장' (개인과 공동체의 문제 해결) - 실생활과 관련한 문제 해결에 기여할 수 있는 창의적이고 실현 가능한 아이디어				
쓰기 프로젝트 참가자(팀원)	_학년_반_번	_학년_반_번	_학년_반_번	_학년_반_번	_학년_반_번
쓰기 프로젝트 문제 해결을 위한 아이디어 개발 (아이디어 조직) [3차시]	• 쓰기 프로젝트 [과제 2]에서 제기된 핵심 문제를 중심으로 자료 탐색, 자료 요약, 분석, 평가, 토의 토론 등 지적 탐구 활동을 진행				
	핵심 문제(문제인식)		해결 방안		
		→			

자기주도적 AI 쓰기 프로젝트; AI 도구 활용 분석 (자기주도적으로 활용한 AI 도구와 그 용례)	
자기주도적으로 AI 도구를 활용한 프로젝트 맥락(부분)	• AI 도구를 활용한 프로젝트 맥락(부분)을 자세하게 설명(각 AI 활용 도구별로 따라 탄력적으로 기재할 것) <table><tr><td>AI 활용 도구</td><td>AI 도구를 활용한 프로젝트 맥락</td></tr><tr><td></td><td></td></tr></table>
해당 프로젝트 맥락(부분)에 AI 도구를 활용한 이유 (예상 기대효과)	• 프로젝트 맥락(부분)에 해당 AI 도구를 활용한 이유, 예상 기대효과를 자세하게 기록 (각 AI 활용 도구별로 따라 탄력적으로 기재할 것) <table><tr><td>AI 활용 도구</td><td>AI 도구를 활용한 프로젝트 맥락</td></tr><tr><td></td><td></td></tr></table>
해당 프로젝트 맥락(부분)에 AI 도구를 활용해 본 효과성	• 프로젝트 맥락(부분)에 해당 AI 도구를 활용해 본 효과성을 자세하게 기록 (각 AI 활용 도구별로 따라 탄력적으로 기재할 것) <table><tr><td>AI 활용 도구</td><td>AI 도구를 활용한 프로젝트 맥락</td></tr><tr><td></td><td></td></tr></table>

자기주도적 AI 쓰기 프로젝트 초고쓰기 [과제 4]

쓰기 프로젝트 주제	• 학생들이 해결하고자 하는 실제적인 관심의 문제 - '나로부터 시작되는 문제를 사회문제로 확장' (개인과 공동체의 문제 해결) - 실생활과 관련한 문제 해결에 기여할 수 있는 창의적이고 실현 가능한 아이디어					
쓰기 프로젝트 참가자(팀원)	_학년_반_번	_학년_반_번	_학년_반_번	_학년_반_번	_학년_반_번	
쓰기 프로젝트 문제 해결을 위한 표현하기 (초고쓰기) [4차시]	• 쓰기 프로젝트 [과제 3]의 과정에서 도출된 문제 해결 방안, 결과의 도출 등 핵심 문제의 해결을 하나의 글쓰기로 완성 (1800자 내외) (초고쓰기, 글의 장르는 논설문으로 제한)					
	제목					
	서론	• 쓰기 프로젝트 [과제 3]의 과정에서 도출된 문제 제기, 독자의 흥미와 관심 유발, 글을 쓰는 목적 등				
	본론	• 쓰기 프로젝트 [과제 3]의 과정에서 도출된 문제에 대한 해결 방안과 근거 제시 등				

쓰기 프로젝트 문제 해결을 위한 표현하기 (초고쓰기) [4차시]	본론	
	결론	• 요약, 마무리, 앞으로의 실천 과제 제시 등

자기주도적 AI 쓰기 프로젝트; AI 도구 활용 분석 (자기주도적으로 활용한 AI 도구와 그 용례)	
자기주도적으로 AI 도구를 활용한 프로젝트 맥락(부분)	• AI 도구를 활용한 프로젝트 맥락(부분)을 자세하게 설명(각 AI 활용 도구별로 따라 탄력적으로 기재할 것)
	AI 활용 도구 / AI 도구를 활용한 프로젝트 맥락
해당 프로젝트 맥락(부분)에 AI 도구를 활용한 이유 (예상 기대효과)	• 프로젝트 맥락(부분)에 해당 AI 도구를 활용한 이유, 예상 기대효과를 자세하게 기록 (각 AI 활용 도구별로 따라 탄력적으로 기재할 것)
	AI 활용 도구 / AI 도구를 활용한 프로젝트 맥락
해당 프로젝트 맥락(부분)에 AI 도구를 활용해 본 효과성	• 프로젝트 맥락(부분)에 해당 AI 도구를 활용해 본 효과성을 자세하게 기록 (각 AI 활용 도구별로 따라 탄력적으로 기재할 것)
	AI 활용 도구 / AI 도구를 활용한 프로젝트 맥락

자기주도적 AI 쓰기 프로젝트 초고쓰기 피드백 [과제 5]

쓰기 프로젝트 주제	• 학생들이 해결하고자 하는 실제적인 관심의 문제 – '나로부터 시작되는 문제를 사회문제로 확장' (개인과 공동체의 문제 해결) – 실생활과 관련한 문제 해결에 기여할 수 있는 창의적이고 실현 가능한 아이디어				
쓰기 프로젝트 참가자(팀원)	__학년_반_번	__학년_반_번	__학년_반_번	__학년_반_번	__학년_반_번
쓰기 프로젝트 문제 해결 방안 (완성된 초고쓰기의 결과물) 피드백 [5차시]	• 쓰기 프로젝트 문제 해결을 위한 결과물 피드백(완성된 초고쓰기의 피드백, 개선할 점 보완)				
	좋은 점				
	개선할 점				
	성찰 (개선 방향)				

자기주도적 AI 쓰기 프로젝트; AI 도구 활용 분석 (자기주도적으로 활용한 AI 도구와 그 용례)		
자기주도적으로 AI 도구를 활용한 프로젝트 맥락(부분)	• AI 도구를 활용한 프로젝트 맥락(부분)을 자세하게 설명(각 AI 활용 도구별로 따라 탄력적으로 기재할 것)	
	AI 활용 도구	AI 도구를 활용한 프로젝트 맥락
해당 프로젝트 맥락(부분)에 AI 도구를 활용한 이유 (예상 기대효과)	• 프로젝트 맥락(부분)에 해당 AI 도구를 활용한 이유, 예상 기대효과를 자세하게 기록 (각 AI 활용 도구별로 따라 탄력적으로 기재할 것)	
	AI 활용 도구	AI 도구를 활용한 프로젝트 맥락
해당 프로젝트 맥락(부분)에 AI 도구를 활용해 본 효과성	• 프로젝트 맥락(부분)에 해당 AI 도구를 활용해 본 효과성을 자세하게 기록 (각 AI 활용 도구별로 따라 탄력적으로 기재할 것)	
	AI 활용 도구	AI 도구를 활용한 프로젝트 맥락

자기주도적 AI 쓰기 프로젝트 고쳐쓰기 [과제 6]

쓰기 프로젝트 주제	• 학생들이 해결하고자 하는 실제적인 관심의 문제 – '나로부터 시작되는 문제를 사회문제로 확장' (개인과 공동체의 문제 해결) – 실생활과 관련한 문제 해결에 기여할 수 있는 창의적이고 실현 가능한 아이디어				
쓰기 프로젝트 참가자(팀원)	_학년_반_번	_학년_반_번	_학년_반_번	_학년_반_번	_학년_반_번
쓰기 프로젝트 문제 해결 방안 (완성된 초고쓰기의 결과물) 피드백 반영하여 고쳐쓰기 [6차시]	*쓰기 프로젝트 문제 해결 방안(완성된 초고쓰기의 결과물)의 피드백을 반영한 고쳐쓰기(피드백을 효과적으로 수용하고, 개선) (1800자 내외)				
	제목				
	서론	• 쓰기 프로젝트 문제 해결을 위한 결과물 피드백(완성된 초고쓰기의 피드백, 개선할 점 보완)			
	본론	• 쓰기 프로젝트 문제 해결을 위한 결과물 피드백(완성된 초고쓰기의 피드백, 개선할 점 보완)			

쓰기 프로젝트 문제 해결 방안 (완성된 초고쓰기의 결과물) 피드백 반영하여 고쳐쓰기 [6차시]	본론	
	결론	• 쓰기 프로젝트 문제 해결을 위한 결과물 피드백(완성된 초고쓰기의 피드백, 개선할 점 보완)

자기주도적 AI 쓰기 프로젝트; AI 도구 활용 분석 (자기주도적으로 활용한 AI 도구와 그 용례)		
자기주도적으로 AI 도구를 활용한 프로젝트 맥락(부분)	*AI 도구를 활용한 프로젝트 맥락(부분)을 자세하게 설명(각 AI 활용 도구별로 따라 탄력적으로 기재할 것)	
	AI 활용 도구	AI 도구를 활용한 프로젝트 맥락
해당 프로젝트 맥락(부분)에 AI 도구를 활용한 이유 (예상 기대효과)	• 프로젝트 맥락(부분)에 해당 AI 도구를 활용한 이유, 예상 기대효과를 자세하게 기록 (각 AI 활용 도구별로 따라 탄력적으로 기재할 것)	
	AI 활용 도구	AI 도구를 활용한 프로젝트 맥락
해당 프로젝트 맥락(부분)에 AI 도구를 활용해 본 효과성	• 프로젝트 맥락(부분)에 해당 AI 도구를 활용해 본 효과성을 자세하게 기록 (각 AI 활용 도구별로 따라 탄력적으로 기재할 것)	
	AI 활용 도구	AI 도구를 활용한 프로젝트 맥락

쓰기 프로젝트 문제 해결 방안 (완성된 초고쓰기의 결과물) 피드백 반영하여 고쳐쓰기 [6차시]	(완성된 초고쓰기의 결과물)의 피드백을 반영한 고쳐쓰기	
	수정 전	수정 후
	• 피드백을 반영하여 고쳐쓰기 전(초고쓰기)의 문장을 그대로 적을 것	• 피드백을 반영하여 고쳐쓰기 후(고쳐쓰기)의 문장을 그대로 적을 것

자기주도적 AI 쓰기 프로젝트 실천하기 [과제 7]

쓰기 프로젝트 주제	• 학생들이 해결하고자 하는 실제적인 관심의 문제 - '나로부터 시작되는 문제를 사회문제로 확장' (개인과 공동체의 문제 해결) - 실생활과 관련한 문제 해결에 기여할 수 있는 창의적이고 실현 가능한 아이디어					
쓰기 프로젝트 참가자(팀원)	_학년_반_번		_학년_반_번	_학년_반_번	_학년_반_번	_학년_반_번
쓰기 프로젝트 문제 해결 방안 (완성된 고쳐쓰기의 결과물) 실천하기 [7차시]	• 쓰기 프로젝트 문제 해결 방안(완성된 고쳐쓰기의 결과물)을 적극적으로 실천하기					
^	쓰기 프로젝트 핵심 문제		→ 쓰기 프로젝트 해결 방안		→ 쓰기 프로젝트 실천하기
^	제목					
^	일시					
^	장소					
^	실천하기 (활동 개요)		• 쓰기 프로젝트 문제 해결을 위한 결과물(완성된 고쳐쓰기의 실천하기)			

쓰기 프로젝트 문제 해결 방안 (완성된 고쳐쓰기의 결과물) 실천하기 [7차시]	실천하기 (활동 개요)	
	활동 사진	• 쓰기 프로젝트 문제 해결을 위한 결과물 피드백(완성된 초고쓰기의 피드백, 개선할 점 보완)
	성찰	

자기주도적 AI 쓰기 프로젝트; AI 도구 활용 분석 (자기주도적으로 활용한 AI 도구와 그 용례)		
자기주도적으로 AI 도구를 활용한 프로젝트 맥락(부분)	•AI 도구를 활용한 프로젝트 맥락(부분)을 자세하게 설명(각 AI 활용 도구별로 따라 탄력적으로 기재할 것)	
	AI 활용 도구	AI 도구를 활용한 프로젝트 맥락
해당 프로젝트 맥락(부분)에 AI 도구를 활용한 이유 (예상 기대효과)	• 프로젝트 맥락(부분)에 해당 AI 도구를 활용한 이유, 예상 기대효과를 자세하게 기록 (각 AI 활용 도구별로 따라 탄력적으로 기재할 것)	
	AI 활용 도구	AI 도구를 활용한 프로젝트 맥락
해당 프로젝트 맥락(부분)에 AI 도구를 활용해 본 효과성	• 프로젝트 맥락(부분)에 해당 AI 도구를 활용해 본 효과성을 자세하게 기록 (각 AI 활용 도구별로 따라 탄력적으로 기재할 것)	
	AI 활용 도구	AI 도구를 활용한 프로젝트 맥락